NEW EDITION

영어책 한 권 외워봤니?

영어책 한 권 외워봤니?

NEW EDITION

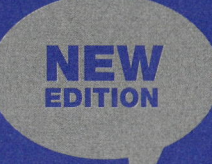

김민식 지음

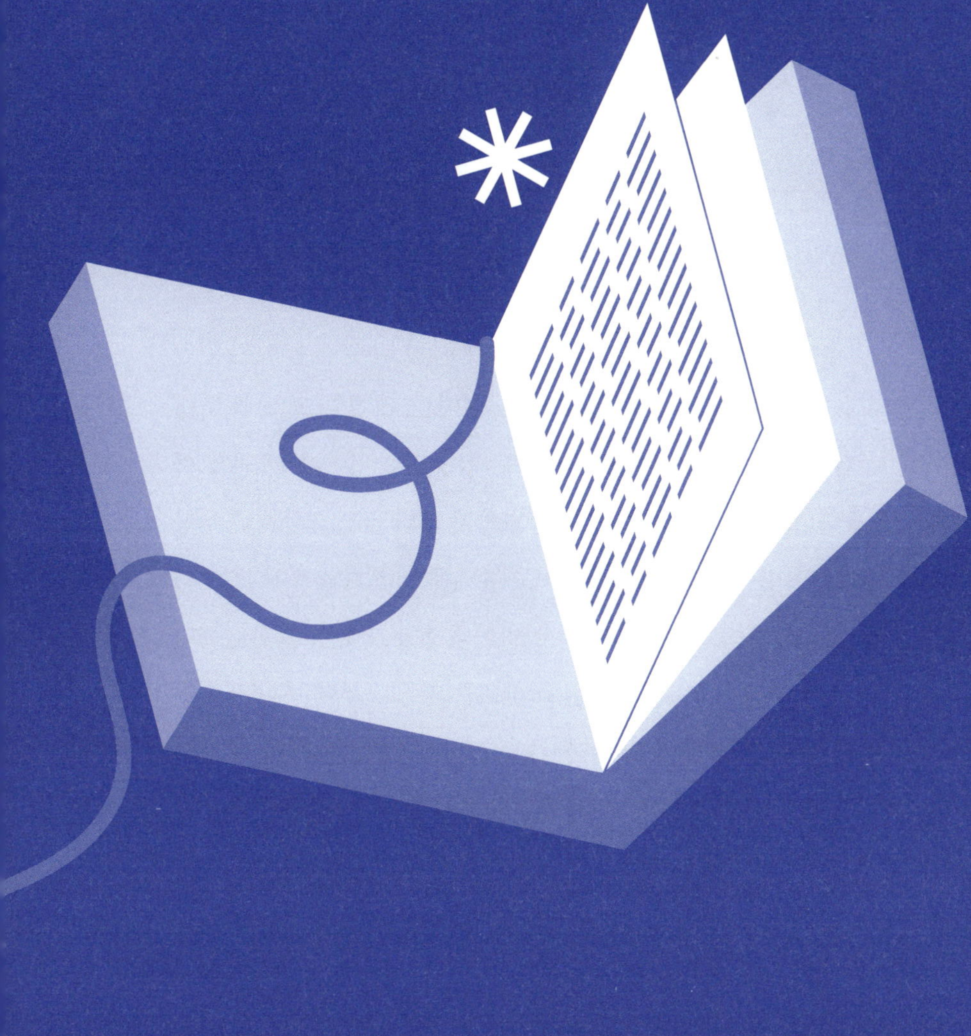

위즈덤하우스

뉴 에디션 서문

영어 공부할 결심을 하는 게 얼마나 어려운데!

세상을 살다 보면, '아, 인생 진짜 뜻대로 안 되네' 싶을 때가 있습니다. 20대의 제가 그랬어요. 진학도, 연애도, 취업도, 뭐 하나 뜻대로 되지 않던 시절, 뭐라도 해보자는 심정으로 영어책 한 권을 외웠습니다. 40대가 되어서도 삶은 만만치 않더군요. 그렇게나 사랑했던 드라마 연출 자리를 빼앗기고 유배지로 쫓겨났던 시절, 또다시 뭐라도 해보자는 심정으로 매일 아침 블로그에 글을 올렸습니다. 그때 쓴 글이 20대에 내 삶을 바꿔준 영어 공부에 대한 글이었고, 그 글을 모아 낸 이 책이 다시 제 삶을 바꿔놓았지요.

《영어책 한 권 외워봤니?》가 많은 독자의 사랑을 받아 저는 작가라는 꿈을 이루었어요. 그러나 삶은 끊임없이 흔들리는 것. 다시 위기가 찾아왔어요. 50대 초반에 회사에서 구조조정 대상이 되어 명예퇴직을 하고 그토록 사랑했던 MBC를 떠났습니다. 그때 뭐라도 해보자는 심정으로 10년 전에 쓴 이 책을 펼쳤지요. 그러다 해야 할 일을 찾았습니다.

온라인에 올라온 《영어책 한 권 외워봤니?》 리뷰를 보면 "이 책을 외우라는 건 줄 알았더니 그냥 방법만 설명하고 마네요"라는 내용이 많았습니다. 책을 쓸 당시 제 목표는 이 책을 읽고 독자가 각자의 수준에 맞는 회화책을 찾아 문장을 외우는 것이었어요. 나이 스물에 저는 영어를 잘하고 싶은 마음이 간절했었거든요. 그때의 나처럼 취업이나 유학을 위해 영어 공부를 하려는 청춘들을 생각하며, 조기 유학은커녕 어학연수나 교환학생도 못 갔지만 영어를 잘하고 싶은 20대에게 제가 택했던 영어 공부법을 알려주고 싶었어요.

독자를 20대로 가정하고 대입 수험생을 기준으로 영어 문법이나 단어를 어느 정도 아는 상태에서 회화 실력을 키우려면 어떻게 해야 할까 생각해봤습니다. 20대 시절, 저는 독학으로 영어 공부를 하려고 여러 가지 방법을 시도했어요. 가장 효능감 높았던 방법이 이미 갖고 있는 회화책에 나오는 문장을 통째로 외우는 거였습니다. 단순하지만 가장 확실하게 '말하고 듣고 읽는' 것들이 한꺼번에 좋아지는 방법이거든요.

그런데, 이게 무슨 일이죠? 《영어책 한 권 외워봤니?》에 관심을 가진 독자들은 20대가 아니라 40대, 50대였어요. 제가 예상했던 독자와 실제 독자가 완전히 달랐던 겁니다. "간만에 영어 공부를 하겠노라 마음먹고 책을 읽었는데, 아니, 또 회화책을 사라고?" "에휴, 이왕 결심했으니 회화책을 구입하고 영어 문법과 단어를 뒤져가며 문장 암송을 했습니다. 그런데 일상에서 잘 쓰지 않는 어려운 문장을 외우느라 고생은 고생대로 하고, 얼마 못 가 포기했어요." 이런 후일담이 많아 안타깝고 속상했습니다. 영어 공부를 할 결심을 하는 게 얼마나 어려운데요.

퇴사 후 전국 도서관으로 저자 강연을 다니면서 확인하니 아직도 《영어책 한 권 외워봤니?》를 보고 영어 공부를 시도하는 분들이 적지 않더라고요. 그래서 결심했습니다. 영어책 한 권 외우기에 도전하는 분들을 위해 좀 더 외우기 쉽고 자주 쓰는 표현을 모아 '회화 예문'을 부록으로 만들어보자! 그렇게 100일 동안 외울 수 있는 총 30과의 회화 예문을 고르고 골라 정리하고 다듬었어요.

요즘도 저의 취미는 외국어 공부입니다. 챗GPT와 영어로 대화를 나누거나 듀오링고라는 앱으로 일본어와 중국어를 공부합니다. 일본어나 중국어 회화책을 한 권 통째 외우고서 사람들 앞에서 암송 시범을 보이기도 합니다. 영어 학습법 강의를 가면 청중에게 아무 숫자나 불러보라고 하고 그 숫자에 해당하는 과의 본문을 암송합니다. 시작이 어렵지 막상 도전해보면 생각보다 문장 외우기는 쉬워요. 제 나름대로 터득한 암송 노하우도 부록에 실었습니다.

100일 동안 30과의 회화 예문을 외운다면, 입에서 영어가 술술 흘러나오는 기적을 맛보게 될 겁니다. 하지만 이건 맛보기에 불과합니다. 충분히 효능감을 느꼈고 영어 회화에 자신감이 좀 붙었다면, 난이도가 높은 교재로 넘어가도 좋겠지요. 저는 《독학을 위한 일본어 첫걸음의 모든 것》(고가 사토시, 서승철 지음, 동양북스)에 나오는 회화 본문을 외운 후, 작년에는 《일본어 회화 100일의 기적》(윤선경 지음, 고마츠자키 유키타카 감수, 넥서스)을 외웠고 올해는 《버전업! 굿모닝 일본어 현지회화》(이주현 지음, 쿠라이시 미토 감수, 동양북스)를 공부하고 있습니다. 게임에서 레벨이 한 단계 한 단계 올라가듯 외국어 공부도 한 걸음 한 걸음 나아가는 재미가 쏠쏠합니다.

20대에 영어 공부를 하면서 언젠가 세계 일주를 하는 제 모습을 상상했어요. 영어 공부는 수단일 뿐 진짜 목표는 세계 일주였습니다. 요즘 저는 지속가능한 세계 일주를 다니고 있어요. 바로 홀수 달에는 일하고, 짝수달에는 여행을 하는 방식입니다. 2024년에는 일본어 공부하면서 일본 여행을 다녔어요. 4월 교토 벚꽃놀이를 시작으로, 6월 도쿄 하코네 온천 휴양 여행, 10월 오키나와 스노클링을 다녀왔어요. 2025년에는 중국어를 공부하려고 2월에 3주간 대만 일주를 다녀오기도 했고요. 2026년은 스페인어 공부의 해입니다. 봄에는 산티아고 순례길을 걷고, 여름에는 스페인 건축 기행을 다니고, 겨울에는 남미에 가서 한 달간 스페인어 어학연수를 받는 게 목표입니다.

여행지에서도 아침마다 일어나 어제 외웠던 회화 표현을 암송해봅니다. 그런 후 꼭 나 자신에게 인사를 건넵니다.

"오늘 하루도 이렇게 영어를 공부한 덕분에 즐거운 여행을 다니고 있네요. 축하합니다."

그다음에는 감사 인사도 하죠.

"부지런히 새로운 언어를 공부해주셔서 고맙습니다. 덕분에 잘 다니고 있어요."

행복이 별건가요. 매일 자신에게 '축하합니다'와 '고맙습니다'라는 인사를 건네면, 영어 공부로도 하루하루가 신나고 보람차고 행복해집니다.

오사카 만국박람회장에서
김민식 드림

프롤로그

영어를 잘하면 인생이 잘 풀릴까?

2015년 남미 파타고니아 트레킹을 하면서 하루 20킬로미터씩 걸었습니다. 녹초가 되어 게스트하우스에 돌아오면 침대에 널브러져 스마트폰에 넣어 간 미드나 시트콤을 시청했습니다. 그때 시트콤 〈루이〉를 즐겨 봤는데, 기억에 남는 에피소드가 하나 있어요.

극 중 루이는 삼류 스탠드업 코미디언으로 카지노에서 코미디 쇼를 합니다. 카지노 손님을 위해 도박장 한쪽에 마련된 무료 공연인지라 관객의 집중도는 떨어집니다. 도박으로 돈을 잃은 이들을 잠시 웃겨주어 기분 전환을 시킴으로써 다시 도박판으로 돌려보내려는 카지노의 계산속이겠지요. 쇼에 대한 호응은 확실히 유료 관객이 좋습니다. 본전을 건지려면 공연에 몰입해야 하거든요. 멍하니 딴생각을 할 거라면 굳이 비싼 돈을 내고 입장할 필요가 없습니다. 반면 공짜 손님은 반응이 별로 없어요. 재미없으면 언제든지 일어나 미련 없이 나갑니다. 다시 룰렛이나 한판 해야지 하고. 루이가 열심히 개그를 하는 도중에 어떤 손님이 일어나 나갑니다.

"지금 제 쇼 안 보고 도박하러 가시는 거예요? 가면 또 잃을 텐데. 여기 호텔 주인이 도널드 트럼프잖아요. 트럼프랑 여러분 중 누가 더 부자예요? 왜 힘들게 일해서 번 돈을 카지노에 바치나요? 트럼프는 여러분이 도와주지 않아도 이미 백만장자인데 말이죠."

결국 루이는 호텔 매니저에게 불려갑니다.

"어이, 어이. 즐기러 온 사람들에게 그런 조크를 하면 어떡해?"

"사람들이 제 쇼에 집중을 안 하잖아요."

"그 사람들이 여기에 자네 쇼 보러 왔어? 게임 즐기러 온 거잖아. 그런 사람들의 흥을 꼭 깨야 해?"

루이는 순간, 자존심이 팍 상합니다.

"아, 됐어요. 제가 그만둘게요. 그럼 되잖아요."

홧김에 일을 때려치우고 나오는 루이. 나오다 대극장에서 어떤 노장 여성 코미디언의 쇼를 보게 됩니다. 할머니 코미디언이 나이 60에도 무대에서 펄펄 나는 모습을 보고 감동한 그는 대기실로 찾아갑니다. "선배님, 존경합니다." 이런저런 이야기를 나누다가 자신은 오늘 일을 때려치웠다고 말해요. 노장 코미디언 조앤 리버스와 루이의 대화가 다음과 같이 이어집니다.

조앤 그만뒀다고?

루이 네.

조앤 왜?

루이 상황이 하도 거지 같으니까요.

조앤 그래도 그만두진 말아야지. 잘리는 거야 할 수 없지만, 스스로 때려치우진 마. 무조건 버텨야지, 아무리 힘들어도.

루이 버티면 언젠가 상황이 좋아질까요?

조앤 리버스가 루이를 잠시 바라보더니 이렇게 말합니다.

"I wish I could tell you it gets better. But, it doesn't get better. You get better."

"상황이 좋아질 거라고 말해주고 싶은데, 그렇지는 않을 거야. 대신 네가 더 나은 사람이 될 거야."

시트콤을 보다가 순간 멍해졌습니다. '상황은 더 좋아지지 않는다. 그러나 포기하지 않고 버틴다면, 너는 더 나은 인간이 될 것이다.' "나 이제 때려치울 거야!" 하고 물러나면 나의 한계가 거기까지라고 인정하는 것입니다. 그러나 버티는 자에게는 한계가 없습니다. 아무리 힘들어도 더 나은 인간이 되는 그날까지 버텨야겠어요. 팝가수 켈리 클락슨도 노래하잖아요. 'What doesn't kill you makes you stronger.'

영어 공부는 버티는 힘이 중요합니다. 회화 학원에 어학연수에 과외 교습에 아무리 해도 늘지 않아서 하다가 자꾸 포기한다는 후배가 비결을 물어왔어요.

"영어책 한 권 외워봤니? 영어책 한 권만 외우면 영어는 절로 술술 나온단다."

대답을 들은 후배가 더 쉬운 비결은 없느냐고 묻는데요, 쉬운 공부는 효과가 없어요. 책 한 권을 외우는 것만큼 확실한 방법도 없어요. 힘들어도 6개월만 버티면 머릿속에 영어의 기초가 확고하게 들어섭니다. 이 과정 없이 그냥 즐거운 공부로 넘어가면 즐겁기만 하지 효과가 없어요. CNN 뉴스를 틀어놓고 공부하면 아는 단어만 들리고 모르는 단어는 죽어도 안 들립니다. 테러리즘, 파리스, 프레지던트 등 언뜻언뜻 들리는 단어 몇 개로 내용을 추리하고는 CNN 뉴스의 70퍼센트를 알아듣는다고 생각하는데요, 이건 제대로 된 영어 공부가 아닙니다.

자신이 정말 알아듣는다고 생각하면 CNN 뉴스를 받아쓰기 해보세요. 자신이 써놓은 문장이 말이 되면 제대로 들은 거죠. 그렇지 않다면 CNN 청취로 영어 공부하지 마세요. 시간과 정력만 낭비하는 것입니다. 힘들어도 기초 회화를 들으며 따라 하고 외우시는 편이 낫습니다. 초급 영어를 완벽하게 정복하지 않고 그냥 중급자 코스로 넘어가는 건 허공에 탑 쌓기고 밀물 앞에 모래성 쌓기입니다. 기초가 없으니 금세 무너집니다.

　취미 삼아 하는 공부라면 그냥 즐겁게 해도 되겠지요. 하지만 인생을 바꾸겠다는 각오로 공부하고 싶다면 무조건 책을 외우세요. 힘들어도 그게 가장 오래가고 가장 잘 남습니다. 화려하고 높은 빌딩을 지으려면 보이지 않는 땅속 기초 공사에 더 공을 들이는 법입니다. 힘든 암송 공부를 버티고 견디는 과정에 내 속에서 무언가가 변합니다. 힘든 시간을 견디어 무언가를 이루면 뿌듯한 자부심이 생겨납니다. 요령을 피우고 설렁설렁 넘어가면 영어 실력도, 사람도 나아지기 힘들어요. 포기하면 거기까지가 내 한계가 됩니다. 버텨야 더 나은 사람이 될 수 있습니다.

　인생을 사는 데 가장 중요한 것은 어쩌면 향상심이 아닐까 싶습니다. 내일은 오늘보다 더 좋은 삶을 살겠다는 마음이요.

　'꾸준한 오늘이 있기에 내일은 무한하다.'

　이런 각오로 하루하루 삽니다. 매일 나아지고, 그런 매일을 쌓아가면서 인생을 바꾸는 내가 되고 싶었어요. 그래서 처음 영어를 공부할 땐 날마다 문장을 외웠습니다. 매일 문장 10개를 외우면 몇 달이면 책 한 권을 다 외웁니다. 회화책 한 권을 외우면 영어의 말문이 열리고요. '어떻게 그게 가능하지?' 궁금해하시는 분들을 위해, 제 인생을 바꿔준 영어 공부의 비법을 지금부터 소개합니다.

| 차례

뉴 에디션 서문 영어 공부할 결심을 하는 게 얼마나 어려운데! 4
프롤로그 영어를 잘하면 인생이 잘 풀릴까? 9

1장 영어 공부에는 때가 없다

영어를 잘하는 비결은 간절함 21
첫 번째 계단을 만날 때까지 버텨라 25
버려지는 노력은 없다 29
마지막이라는 각오로 한 번 더 도전 32
자꾸 넘어져봐야 두려움이 사라진다 39
어른의 영어 공부, 일단 해봐야 하는 이유 43
머리가 아닌 몸으로 익혀라 47
영어가 주는 세 가지 즐거움 51
+ 셀프 몰입 유학 캠프 24시 + 57

2장 일단 한 권 외워보자

묻지도 따지지도 말고 무조건 외워라   65
처음부터 거창할 필요는 없다   70
하루 10문장만 외워보자   74
머리로 이해한 것을 외웠다고 착각하지 마라   78
어떤 책을 외우면 좋을까   83
의미 단락별로 끊어서 외워라   88
+ 영어 잘하는 척하는 비결 +   93

3장 짬짬이 시간도 내 편으로 만들어라

오직 시간으로만 살 수 있는 것들   101
시간 관리로 내 인생을 지배하자   104
하루에 세 번, 시간을 버는 습관   108
한 권 외우는 비결은 자투리 시간   111
벼락치기보다는 짬짬이 공부가 낫다   115
뽀모도로 기법을 활용한 영어 집중 시간   119
+ 6개월 만에 외국어를 마스터하는 방법 +   123

4장 책 한 권을 완벽히 외웠다면

놀면서 공부하자	131
독해 자료의 보고 어린이 자료실	136
회화 실력이 쑥쑥 느는 영어 소설책 읽기	140
영영사전 vs. 위키피디아	146
영어시험 잘 보는 비결	150
영어도 잘하고 싶다면 계속해야 한다	154
회화 공부가 지겨울 땐 팝송	158
나의 영어 선생님, 챗GPT	162
듀오링고를 활용한 영어 공부법	166
+ 하루 한 편 〈TED〉 +	171

5장 **결국, 영어는 자신감이다**

공부의 밑천은 끈기와 자존감	179
진화의 법칙을 거스르지 마라	182
억지로 가르친다고 늘지 않는다	186
나이 들어 시작해도 늦지 않다	190
탄탄한 모국어가 탄탄한 외국어를	194
작은 성취감이 인생의 밑거름이 된다	198
사소한 일상은 사소하지 않다	202
영어 덕택에 인생이 더 즐겁다	206
+ 학원 똑똑하게 활용하는 법 +	211
에필로그 영어가 취미가 되는 날까지	216
감사의 글	222
부록 영어 암송 100일의 기적	229

1장
영어 공부에는 때가 없다

I've found that luck is quite predictable.
If you want more luck, take more chances.
Be more active. Show up more often.

- Brian Tracy

영어를
잘하는 비결은
간절함

통역사 출신 PD라고 하면 사람들이 어떤 경로로 영어를 배웠는지 물어봅니다. 저는 영어를 전공하지도 않았고 미국 생활이나 어학연수는커녕, 회화 학원에 다닌 적도 없어요. 그냥 혼자서 책을 외우며 공부했습니다. 영어를 잘하는 특별한 비결을 묻는다면, 전 다음과 같이 말하겠습니다.

"그건 바로 간절함입니다."

대학 시절 자원공학을 전공했습니다. 신소재 재료를 다루는 첨단 공학인 줄 알고 지원했는데, '소재'는 다루지만 '신'이 아니었어요. 원래 이름이 광산학과였습니다. 탄광에 가서 일하고 싶은 생각은 당연히 없었으니, 공부에 의욕이 생기지 않더군요. 그렇다고 재수를 할 엄두도 안 났어요. 고등학교 내신 등급이 10등급 중 5등급입니다. 원래 산업공학과에 지원했는데, 내신 성적이 낮아 1지망 낙방하고 여기 붙은 거지요. 내신이 너무 안 좋으니 재수도 할 수 없어 2년 동안 방황만 하다 입대했습니다.

자대 배치받고 내무반에 인사하러 갔더니 자기소개를 시키더군요. 대학에서 뭘 배우느냐고 묻기에 석탄채굴학이랑 석유시추공학을 배운다고 했습니다. 짓궂은 고참이 물었어요.

"그럼 넌 졸업하고 탄광 가는 거냐?"

"그럴 생각은 없습니다."

"그럼 뭐해서 먹고살 건데?"

순간 할 말이 없어 멍하니 서 있는데, 옆에 있던 고참 하나가 끼어들었어요.

"군대 짱박으면 되겠네. 직업군인 지원해라."

그랬더니 다른 고참이 그러더군요.

"야, 저놈아는 방위잖아. 똥방위는 군대 짱박는 것도 안 된다. 군대에서 먹여주고 재워주기도 아까워서 도시락 싸서 출퇴근하라는 거잖아."

그때 알았어요. 방위는 군대 말뚝도 못 박는다는 걸.

동시에, 스물한 살의 저를 돌아보았습니다. 태어나서 연애 한 번 못 해봤고, 신체검사에 떨어져 현역 입대도 못 하는 약골에, 전공 학점도 바닥인, 잘하는 것은커녕 하고 싶은 일도 없는 나. 정말 비참했습니다. 그 순간 다짐했어요.

'내가 그렇게 못난 놈이 아니란 걸 스스로에게 증명하자. 남보다 잘하는 특기 하나를 만들자.'

퍼뜩, 영어만 잘하면 전공을 살리지 않고도 취업할 수 있을 거란 생각이 들더군요. 그땐 정말 그랬어요. 문제는 그렇게 기특한 마음을 먹은 때가, 하필 군대 신병 시절이라는 거지요. 군대는 학원은커녕 영어책 한 권 없는 곳이었어요. 인터넷도 없던 시절이라 뭘 가지고 공부해야 할지 막막했습니다. 어떻게 하면 군대에서 영어 공부를 할 수 있을까, 고민을 거듭하다 부대 안에 있는 교회를 찾아갔습니다.

"기독교 신앙 공부를 하고 싶습니다. 성경 한 권 얻을 수 있겠습니까?"

'호, 이런 기특한 신병을 봤나' 하는 흐뭇한 얼굴로 군종병이 문고판 성경책을 주더군요. 다시 부탁했습니다.

"기왕이면 영어로 된 성경책을 빌려주십시오."

영어 공부를 제대로 하고 싶다는 말을 덧붙이며, 영한 대역 성경책을 한 권 얻었습니다. 작업하다 쉬는 시간에 남들 삼삼오오 모여서 담배 피우는 동안 저는 한구석에 앉아 영어 성경을 읽고 외웠습니다. 방위병 막내가 토플책을 보다가 걸렸다면 눈초리가 사나웠겠지요. "이 자식이 군대를 뭐로 보고!" 하면서요. 하지만 아무도 저를 건드리지 않더군요. 흔히들 군대 고참은 하느님보다 높다고 하는데, 고참도 하느님은 무서운가 봐요. 비록 기독교 신자는 아니지만, 저는 하느님의 '빽'을 믿고 공부를 계속했습니다. 그때 깨달았어요. 영어 공부는, 간절함만 있으면 언제 어디서도 할 수 있다고.

그렇게 18개월의 방위병 생활을 마치고 대학 3학년에 복학했습니다. '혼자서 영어책을 외운 것이 전부인데, 그렇게 공부한 영어가 실전에서도 먹힐까?' 궁금한 마음에 전국 대학생 영어 토론대회에 나갔습니다. 직접 쓴 영어 연설문을 발표하고 영어로 토론하는 대회였는데, 거기서 2등을 했습니다. 당시 대상은 중·고교 시절을 외국에서 보내고 들어온 외교관 자녀가 받았습니다.

'국내에서 공부한 사람 중에서 내가 전국 영어 1등이란 말이지?'
자신감이 생겼습니다.

삶이 바뀌는 인생의 전환점은 언제일까요? 언제든 나의 인생을 바꾸고 싶다는 간절한 마음을 먹은 바로 그 순간입니다. 간절한 마음은 꾸준한 실천으로 이어지고, 꾸준한 실천은 반드시 삶의 모양새를 바꿔놓거든요. 영어를 잘하는 비결은 인생을 바꾸고 싶다는 간절함입니다.

첫 번째 계단을
만날 때까지
버텨라

　외대 통역대학원 재학 시절 통역 아르바이트를 했습니다. 그런데 미국에서 온 연사가 질의응답 시간에 갑자기 조크를 던지면 당황할 때가 많았어요. 그래서 고민 끝에 교수님을 찾아가서 물었습니다.

　"독학으로 영어를 공부해서 미국식 유머에 약합니다. 어떻게 하면 좋을까요?"

　교수님은 제게 〈프렌즈〉나 〈사인펠드〉 같은 미국 청춘 시트콤을 보라고 하셨어요. 미국식 생활영어 표현과 유머에 익숙해질 수 있다고요. 그래서 시트콤을 열심히 보게 됐고, 그러다 그만 시트콤에 중독되어버렸습니다. 이렇게 재미있는 청춘 시트콤을 직접 만들어보고 싶다는 생각에 PD의 길로 들어섰지요.

하지만 시트콤 연출가의 길은 쉽지 않더군요. 조연출 시절, 제가 손댄 시트콤마다 망했거든요. 특수영상제작실이라고 프로그램 타이틀을 제작하는 부서가 있는데, 거기에 새 타이틀 의뢰안을 들고 가면 부장님이 놀렸어요.

"야, 이번에 타이틀 만들어주면 얼마나 쓸 거냐? 방송에 좀 오래 나가야 우리도 신경 써서 만들어주지, 몇 번 나가고 마는 타이틀에 어떻게 일일이 공을 들여?"

한 회사 선배는 안타까운 마음에 저를 붙잡고 그랬어요.

"민식아. 너는 시트콤 전문 PD가 되겠다고 하는데, 내가 보기에 시트콤이랑 너랑 좀 안 맞는 것 같아. 버라이어티 쇼 쪽으로 전공을 바꾸는 건 어때?"

시트콤 제목을 너무 자주 바꿔서 타이틀 도안을 새로 의뢰하기도 민망했지요. 그래서 망한 시트콤 제목에 '뉴' 자 하나 더 붙여 만든 게 〈뉴 논스톱〉입니다. 조인성, 장나라, 양동근, 박경림 등 신인을 기용해서 만든 그 시트콤이 대박이 났습니다.

살아보니 인생은 들인 노력에 비례해서 성과가 쭉쭉 올라가지는 않더라고요. 아무리 공을 들여도 변화가 없는 시기가 한동안 이어집니다. 시트콤이 적성이 안 맞는 게 아니라 아직 노하우가 덜 쌓였던 거예요. 실패의 경험도 자꾸 쌓여야 성공의 노하우로 바뀝니다. 가도 가도 그 상태인 것 같지만, 어느 순간 첫 번째 계단을 만나면 불쑥 올라갑니다.

많은 사람이 영어 공부를 하다 중간에 포기합니다. 나름대로 열심히 했다고 생각하는데, 실제로 미국 사람을 만나면 입이 열리지 않고 하나도 안 들립니다. 해도 해도 도무지 실력이 늘지 않는 시기가 한동안 이어집니다. 지금 내가 하는 방법이 효과가 없구나 하는 자괴감에 학습 의욕도 떨어집니다.

X축에 시간을 들인 만큼 Y축의 실력도 정비례해 올라가면 좋겠지만, 영어 실력은 계단식 그래프를 그리며 올라가더라고요. 질적인 변화는 금세 이루어지지 않습니다. 아무리 공부해도 실력이 늘지 않아 답답하기만 해요. 물을 가열하고 또 가열해도 김만 날 뿐 여전히 물입니다. 그러다 온도가 100℃에 도달하면 어느 순간 확 끓어 넘치며 수증기가 됩니다. 양이 쌓여야 질적 변화가 일어납니다. 우리가 잘 알고 있는 양질 전환의 법칙이 영어 공부에도 그대로 적용되는 것입니다.

영어 고수로 불리는 사람들은 대개 그 첫 번째 계단을 오르는 순간, '이거구나!' 하는 희열을 맛본 다음 공부에 재미가 붙었다고 말합니다. 열심히 공부하는데도 실력이 늘지 않는다고 포기하진 마세요. 원래 어학 공부가 그렇습니다. 조금만 더 버티면 첫 번째 계단에 훌쩍 올라서는 순간이 반드시 옵니다.

책 '한 권'이라는 목표가 중요한 이유가 여기 있습니다. 성과가 보이지 않아도 포기하지 말고 한 권을 다 외울 때까지는 해보는 겁니다. 교재 앞부분은 쉬워서 진도가 잘 나갑니다. 후반부에 들어서면 점점 더 외우기가 어려워집니다. 문장도 어려워지고, 누적된 표현의 가짓수가 많아지면서 복습을 할 때마다 소요 시간이 늘어나거든요. 무엇보다 가장 힘들 때는, 몇 달째 열심히 했는데도 실력이 나아지지 않는 것처럼 느껴지는 순간입니다. 그때 포기하지 않고 끝까지 가야 합니다. 적어도 첫 번째 계단을 만날 때까지는 버텨야 합니다. 양질 전환이 이루어지는 첫 번째 전환점 말입니다. 이 첫 고비를 넘기면 영어 공부에 재미가 붙을뿐더러, 인생에서도 힘든 순간에 포기하지 않고 버티는 법을 배우게 됩니다.

책 한 권을 포기하지 않고 끝까지 가기 위해서는 매일 한 과씩 외우고, 전날까지 외운 것을 복습하는 공부가 중요합니다. 복습할 때 핵심은 책을 보지 않고도 영어 문장이 떠올라야 한다는 것입니다. 책을 보고 읽으면 다 아는 것 같은 착각이 생기거든요.

물론 책 한 권이 다 떠오르지는 않아요. 그래서 저는 한 과 공부가 끝날 때마다 스마트폰 메모장에 대화 주제를 기록해둡니다. 인사, 날씨, 학교, 길 찾기 등으로 말이지요. 저녁에 퇴근하고 집에 와서 쉴 때, 소파에 기대앉아 눈을 감고 그날 종일 외운 과를 소리 내어 암송합니다. 오늘 공부한 과를 다 외웠으면, 1과부터 다시 복습합니다. 기억이 나지 않는 과는 메모장의 주제를 보고 다시 기억을 떠올려봅니다.

이렇게 매일 반복하면 언젠가는 눈을 감고 책 한 권을 통째로 외우는 날이 옵니다.

버려지는 노력은 없다

통역사 출신 PD라고 해봤자 드라마 촬영 현장에서 영어를 쓰는 일은 거의 없습니다. 가끔 선배들이 놀려요.

"영어 공부한 거 후회하지 않냐?"

전 후회하지 않아요. 인생에서 버려지는 노력은 없거든요.

미국 시트콤을 보며 놀다가 문득 한국판 청춘 시트콤을 만들고 싶다는 생각에 예능국 PD가 되었습니다. 하지만 입사 후 〈남자 셋 여자 셋〉에 지원했다가 조연출 배정에서 탈락했어요. 당시 저는 서른 살 늦깎이 신입사원이었는데, 담당 연출인 선배랑 나이가 동갑이었거든요. 조직으로서는 껄끄러운 인사죠. 결국 저는 시트콤은 못 하고, 연예 정보나 가요 프로그램을 전전했습니다.

그러던 어느 날, 쇼 프로그램 연출의 대가이신 신종인 부장님이 저를 찾으셨어요.

"너, 동시통역대학원 나왔다 그랬지? 저거 통역 좀 해봐라."

TV에서는 1998년 당시 아카데미 시상식이 방송되고 있었어요. 그즈음에는 국내 채널에서 아카데미 시상식을 생중계하는 곳이 없어서 부장님은 AFKN(주한미군 방송의 옛 이름)으로 보고 계셨지요. 그러다가 답답하니까 인간 통역기를 동원하신 거예요. 예능 조연출은 시키면 뭐든 합니다. MBC〈마이 리틀 텔레비전〉이라는 프로그램을 보신 적이 있다면 아실 겁니다. 인체 실험 대상 조연출. 저는 TV 옆에 뻘쭘하게 서서 동시통역을 했어요. 놓치는 부분도 많았지만, 워낙 영화를 좋아해서 제목이나 사람 이름을 알아듣는 데 큰 어려움은 없었습니다.

"잘하네? 넌 통역사를 하지 MBC에는 뭐하러 들어왔냐?"

그래서 말씀드렸죠.

"지금은 연예 정보 프로그램에서 파파라치를 뛰고 있지만, 언젠가는 〈프렌즈〉 같은 청춘 시트콤을 만드는 게 꿈입니다."

〈프렌즈〉는 미국 NBC에서 방송했던 인기 드라마예요. 얼마나 인기가 있었던지 시즌 10까지 이어졌죠.

다음 해에 부장님이 예능국장으로 승진하셨어요. 어느 날 저를 국장실로 부르셨습니다.

"청춘 시트콤을 새로 시작하는데, 거기 가서 조연출 할래?"

저는 그때 처음으로 시트콤의 조연출을 맡았고, 그 인연으로

〈논스톱〉 시리즈를 만들게 되었습니다. 그 이후 로맨틱 코미디 전문 연출가라는 경력이 본격적으로 시작되었고요.

《지속하는 힘》(고바야시 다다아키 지음, 정은지 옮김, 아날로그)에 나오는 문장이 제 생각을 대변해주는 듯해요.

> 매일 영어 공부를 열심히 한다고 해도 훗날 영어를 사용하는 일을 하게 된다는 보장은 어디에도 없다. 올림픽에 출전하고 싶어 혹독한 훈련을 견뎌내고 있지만 올림픽에 출전할 수 있다고 누구도 장담하지 못한다. 인정하고 싶지 않지만 세상은 그런 것이다. (중략) 영어 공부를 그만두면 영어를 쓰는 일에 종사하게 될 가능성은 제로다. 훈련을 그만두면 올림픽 대표 선수로 선발될 가능성은 없다고 보면 된다.

스티브 잡스가 그랬죠. 인생에서 "점과 점은 이어진다"고. 인생에서 버려지는 노력은 없습니다. 그걸 믿으면 힘이 생깁니다. 힘들어도 지속하는 힘 말이에요.

마지막이라는
각오로
한 번 더 도전 ——

 1996년 MBC 예능국에 입사한 저는 "한국판 청춘 시트콤을 만들고 싶습니다!" 하고 떠들고 다녔습니다. 그랬더니 회사에서, "그래? 어디 한번 마음껏 해봐" 하고 기회를 주더군요. 2000년 가을에 〈논스톱〉 시리즈를 맡아, 쉬지 않고 질리도록 만들었어요. 〈뉴 논스톱〉이 끝나서 좀 쉴까 했더니, 신인 배우들 새로 뽑아서 〈논스톱 3〉을 만들라고 하더군요. 말 그대로 논스톱으로요. 그렇게 2년 반 동안 만든 에피소드가 500편이 넘습니다.

 자신감을 얻어 새로운 시트콤을 기획했습니다. 〈조선에서 왔소이다〉라는 제목의 타임머신 판 '왕자와 거지' 이야기였어요. 조선 시대 한량 양반과 그의 부지런한 종놈이 우리가 사는 현재로 와서 거지와 부자로 서로 입장이 바뀌어가는 스토리였죠. SF 시트콤은 시기상조라고 주위에서 다들 말렸지만, 저는 투지를 불태우며 기세 좋게 덤볐지요. 하지만 그 타임 리프(시간 이동) 시트콤은 시간을 뛰어넘는 빠른 속도로 망했습니다. '시청률 저조, 제작비 초과, 광고 판매 부진'까지 연출가가 저질러선 안 되는 삼거지악의 죄를 짓고 방송 4부 만에 종방 결정이 내려져 7부에 막을 내렸어요.

조기 종영이 되고 보니 너무 창피했어요. 밖에 다니기도 힘들어 한동안 집구석에 틀어박혀 지냈습니다. 하루는 MBC 예능국 선배이신 송창의 국장님이 술 한잔하자고 홍대로 부르셨어요. 기가 죽어 고개 푹 숙이고 술잔만 비우는데, 그러시더군요.

"프로그램 망해서 쪽팔려 죽겠지?"

간신히 "예" 하고 대답했어요.

"난 말이야, 네가 이번에 망한 게 아주 잘된 일이라고 생각한다."

"예?"

저도 모르게 목소리가 커졌어요. 선배님이 잔에 술을 따르며 물어보셨어요.

"민식아, 올해 나이가 몇이냐?"

"서른다섯입니다."

"캬아! 좋을 때다. 프로그램 말아먹기 참 좋은 나이로구나."

좀 너무하신다는 생각에 눈꼬리가 살짝 올라갔어요.

"인생에서 가장 좋은 나이가 언제 같으냐?"

"스무 살 아닌가요?"

"그렇지 않아. 나이 스물은 하고 싶은 게 뭔지 모르고, 나이 서른은 하고 싶은 건 많은데 할 줄 아는 게 없어. 남자는 나이 마흔은 되어야 비로소 하고 싶은 일을 할 수 있는 때가 온단다. 넌 아직 전성기가 오려면 멀었어."

저는 가만히 탁자 모서리만 바라보고 있었어요.

"네가 만약 이번 프로그램도 대박 냈다고 해봐. 스타 PD라고 우쭐해서 자만하게 됐을걸? 연출이 자만하는 순간, 대중은 등을 돌린다. 또, 내내 잘 나가다가 나이 사십이나 오십 넘어 망해봐라. 회복하기 힘들어. 망하는 것도 다시 설 수 있는 힘이 있을 때 경험해야 해. 그런 점에서 망하기에 딱 좋은 나이가 30대야. 진짜 인생의 전성기를 준비하는 시기거든."

그때는 선배님 말씀이 별로 와닿지 않았어요. 하지만 나이 오십을 바라보는 지금, 그보다 더 고마운 충고는 없었다고 생각합니다. 요새는 더욱이 100세 인생을 이야기하는 세상이니, 새로운 시도는 언제라도 좋다고 생각합니다. 사실 이제는 공부고 놀이고 간에 나이 제한이 없어졌잖아요.

10년 전만 해도 제 블로그 연애 스쿨에 이런 고민 상담이 올라왔습니다.

"아직 20대인데, 부모님이 좋은 사람 만나서 빨리 결혼하라고 성화입니다. 취업도 그렇고 경제적으로도 그렇고 좀 더 시간을 갖고 사람을 만나고 싶은데, 어떻게 부모님을 설득할 수 있을까요?"

부모님들은 평균 수명이 60이던 시절을 살았어요. 60에 죽는다는 건, 자식이 30대일 때 세상을 떠난다는 거지요. 그런 시대에는 자식이 20대에 취업도 하고 결혼도 하고 가정도 꾸리고 직장에서 자리 잡는 걸 봐야 죽을 때 마음 편하게 눈을 감을 수 있었을 겁니다. 하지만 지금은 90세, 100세까지 사는 인생이에요. 전혀 서두를 이유가 없습니다.

아이가 하나인 친구가 있는데, 부모가 죽고 나서 혼자 외로울까 봐 걱정이라기에 이렇게 말해줬습니다.

"야, 요즘은 부모가 90에 죽으면 자식도 나이가 60이야. 그 나이에 외로우면, 지가 인생을 잘못 산 거지, 어찌 형제를 낳아주지 않은 부모 탓이겠냐?"

예전에는 중매로 만나 잘 맞지 않는 부부라도 그냥저냥 살았어요. 남편은 일하느라 바쁘고 아내는 애 키우느라 바쁘게 살았죠. 남편이 50대 중반에 퇴직하고 아이들이 독립하고 나면 그제야 부부가 함께 생활하는 시간이 좀 있었어요. 그 시간이 길지가 않아요. 평균 수명이 짧았으니까요. 그러니까 부부가 싸운다 해도 몇 년 안 싸웠어요. 그런데 요즘은 구십 살 백 살까지 삽니다. 퇴직하고 아이 다 키워놓고 부부 둘이 덩그러니 30년을 살아요. 마음에 안 맞는 사람과 불행하게 살기에는 너무 긴 세월이지요.

직업도 마찬가지예요. 부모님 세대는 취업할 때 적성 같은 걸 따져보지 않고, 돈을 벌 수 있는 일이라면 그냥 힘들어도 다 했지요.

하지만 지금은 나이 50에 퇴직하고 노는 시대가 아닙니다. 100세 시대에는 오래 일할 수 있어야 노후가 행복합니다. 시간이 좀 걸리더라도 마음에 맞는 일, 마음에 맞는 배우자를 찾는 게 우선입니다. 서른 살 넘어 취직 못 하고, 마흔이 되도록 결혼 안 했다고 절대 불안해할 이유가 없어요.

100세 시대, 인생을 좀 더 여유롭게 살았으면 좋겠어요.

'10대 20대에 공부하고, 30대 40대에 일하고, 50대 60대에 놀다가 간다.'

이렇게 20년씩 딱딱 끊어서 인생의 단계를 나눌 수 없어요. 백 살까지 사는 인생이므로 나이 칠팔십에도 일을 해야 하고, 오륙십에도 공부를 새로 해야 합니다. 지금은 일과 공부와 놀이가 돌고 도는 순환의 삶을 사는 시대거든요.

이제 공부에는 정해진 나이가 따로 없습니다. '이번이 내 인생에 마지막 영어 공부다' 하고 마음먹자고요. 공부에 어떻게 마지막이 있을 수 있겠는가만, 마지막이라는 각오로 한 번 더 도전하겠다는 그 마음이면 충분합니다.

나이 들어서 다시 하는 영어 공부에는 장점도 많습니다.

첫째, 큰돈이 들지 않아요. 어릴 때 싫은 공부를 억지로 하려면 학원비에 과외비에 돈이 많이 듭니다. 하지만 어른이 되어 스스로 하는 공부에는 돈이 들지 않아요. 혼자 책 한 권 외우는 데 얼마나 돈이 들겠습니까. 의지만 있으면 누구나 할 수 있어요. 영어 암송 학습법, 비용 대비 만족도가 가장 높은 방법입니다.

둘째, 취업이나 이직을 할 때 도움이 됩니다. 앞으로는 인공지능이 발달하면서 직업 유동성이 더 커질 겁니다. 그런 시대에는 새로운 정보를 받아들이는 직무 유연성이 필요합니다. 영어와 업무 간에 연관성이 없더라도, 독학으로 갈고닦은 영어 실력은 취업에 큰 도움이 됩니다. 고용주 입장에서 사람을 볼 때 가장 중요한 것 중 하나가 성실함인데요, 국내에서 독학으로 영어를 공부했다고 하면 그 자체로 내적인 동기부여가 강하고 성실한 사람이라는 증명이 됩니다.

셋째, 평생 가는 취미를 만날 수 있습니다. 언어를 배우는 가장 좋은 방법은 문화를 즐기는 것입니다. 여행을 다니고 영화를 보고 외국인 친구를 만나고…. 영어 공부는 인생의 다채로움과 맞물려 더 큰 즐거움을 낳습니다. 영어 공부만큼 취미 생활을 풍요롭게 해주는 것도 없어요.

《7번 읽기 공부법》(야마구치 마유 지음, 류두진 옮김, 위즈덤하우스)이라는 책의 첫 대목에 다음의 글이 나옵니다.

> 당신이 이 책을 집어 든 이유는 현재의 자신이 완전히 만족스럽지 못해서가 아닐까? 다시 말해 당신 안에는 이미 향상심이 자리 잡고 있을 것이다. 향상심만큼은 결코 배워서 얻을 수 없다는 것이 내 지론이다. 따라서 향상심을 지녔다면 어떤 축복 받은 재능보다 뛰어난 자질을 갖춘 셈이다.

이 책을 집어 든 당신, 영어를 잘하기 위한 그 어떤 재능보다 뛰어난 자질을 갖춘 셈입니다. 향상심은 절대로 배워서 얻을 수 있는 게 아니거든요. 100세 인생, 오래도록 공부가 즐거운 인생을 응원합니다!

자꾸 넘어져 봐야 두려움이 사라진다

몇 해 전, 큰딸 민지에게 스키를 가르쳤습니다. 나름 '운동퀸'이라는 소리를 듣는 아이라 스키장에 처음 데려갔는데도 넘어지지 않고 잘 타더군요. 잘 탄다 싶어서 다음 날에는 중상급 코스로 데려갔어요. 내려가면서 보니 아이가 침착하게 타긴 하는데, 가파른 경사에서는 엉덩이가 뒤로 빠지면서 자세가 무너지더군요. 겁이 나서 그런 모양이에요. 다시 초보 코스로 데려갔습니다. 넘어지는 법을 가르쳐주려고요.

"민지야, 스키는 넘어지지 않는 법을 배우는 게 아니야. 오히려 잘 넘어지는 법을 배우는 거야."

스키를 잘 타려면, 턴을 잘해야 합니다. 턴을 잘하려면 '업다운'이 정확해야 하는데, 이때 업 동작은 스키에 체중을 실어주고 일어나면서 몸을 산 아래로 던지는 것을 말하죠. 상급 코스로 가면 경사가 심해지니 몸을 아래로 던지기가 무서워 엉거주춤 뒤로 빼게 됩니다. 그러면 스키나 보드 플레이트에 체중이 실리지 않아 에지(edge)가 먹지 않아요. 겁먹고 엉덩이를 뒤로 빼면 오히려 더 위험합니다. 위태로울수록 몸을 아래로 던져야 제동이 잘 걸려 안전합니다. 역설적이지요?

초보 코스에서 다리를 A자로 벌린 채 안 넘어지고 그냥 내려가는 사람도 있습니다. 턴을 하지 않기에 넘어지지는 않습니다. 넘어지지 않으니 잘 탄다고 생각하겠지만, 위험천만한 생각이에요. 상급자 코스에 가서도 안 넘어지고 계속 내려가면, 속도를 제어할 수 없는 지경에 이릅니다. 그러면 큰 사고로 이어질 수 있어요. 컨트롤이 안 될 때는 바로 넘어져야 안전합니다. 그런데 초보 코스에서 넘어지지 않았으니, 상급에서도 안 넘어지기만 하면 아슬아슬하긴 해도 끝까지 갈 것이라 생각합니다. 그렇게 타다가는 큰 사고 납니다.

스키를 배울 때는, 초보 코스에서 턴을 연습하며 자꾸 넘어져 봐야 합니다. 푹신한 눈밭이니 넘어져도 별로 다치지 않아요. 넘어져도 괜찮다는 걸 몸에게 가르쳐주면 겁도 덜 먹어요. 자세가 바로 서고, 턴을 할 때도 아래쪽으로 몸을 던지기가 쉬워져요. 에지가 잘 먹고 턴도 잘 되지요.

또 초보 스키어들은 뒤에서 굉음을 내며 내려오는 보더의 소리가 들리면 흠칫 겁을 먹곤 합니다. 그래서 갑자기 방향을 꺾다가 넘어지거나 부딪히는 일이 많죠. 뒤에서 누가 와도 신경 쓰지 마세요. '잘 타는 지가 피해 가겠지' 생각하고 침착하게 자신의 턴을 하면 됩니다. 상급자는 아래에 있는 스키어의 턴 궤적을 보고 진로를 예상해서 비켜 가려고 하는데, 겁먹은 스키어가 갑자기 방향을 꺾으면 충돌하기 십상이에요. 뒤에서 누가 눈보라에 굉음을 일으키며 미친 듯이 달려와도 차분하게 자신만의 턴을 그려야 합니다.

영어 공부도 스키 타기와 비슷합니다. 자꾸 실수를 해보는 과정을 통해 배워야 하고, 잘하는 사람을 만나도 기죽지 말고 자신의 영어를 해야 합니다. 우리는 영어를 문법부터 배웁니다. 학교나 학원 가서 가장 먼저 보는 것이 영어시험인데, 시험이란 틀린 문장을 골라내는 것이지요. 이건 동사 연결이 틀렸고, 저건 전치사가 틀렸고, 이건 스펠링이 틀렸고, 저건 발음이 틀렸고. 그런 식으로 영어를 배운 탓에 말을 하려고 하면 항상 머릿속에서 '이것도 틀렸어!' '저것도 틀렸어!' 하고 빨간불이 켜지고 사이렌이 울립니다. 그런데 이렇게 기가 죽어서는 영어가 늘 수가 없어요. 외국어를 처음 배울 때도 스키 탈 때처럼, 실수하지 않기를 바라지 말고 실수하면서 배워야 합니다.

저는 10년을 스키만 타다가 나이 마흔에 보드를 시작했습니다. 처음엔 보드 타기 싫었어요. 스키를 타면 최상급에서 쌩쌩 내려오는데, 초급자 코스에서 길게 줄 서서 리프트를 기다리는 게 싫더라고요. 무릎 꿇고 앉아 비굴한 자세로 배우는 것도 창피했어요. 그래도 창피함을 무릅쓰고 배웠습니다. 그렇게 배운 덕분에 지금은 겨울이면 시즌권을 끊어 스키와 보드를 둘 다 즐기고 있습니다.

수십 년간 우리말만 하고도 별일 없이 살았다 해서 외국어가 필요 없다고 할 순 없어요. 평생 여행도 안 다니고 한국에서만 살 건 아니잖아요. 어려서 영어를 배울 때 스트레스가 컸던 건 시험 탓이에요. 즐기자고 배우는 영어, 틀려도 스트레스받지 말고 일단 한번 들이대보세요.

인생을 살면서 한 번도 넘어지지 않는 사람은 없습니다. 넘어지지 않는 법을 배우는 게 아니라, 넘어져도 다시 일어나는 법을 배워야 해요. 영어 공부도 마찬가지입니다. 틀린 문장을 말하지 않는 법을 배우는 게 아니라, 틀린 문장으로도 자꾸 들이대는 법을 배워야 합니다. 창피하다고 죽지는 않습니다. 그리고 사실 진짜 창피한 건, 창피당할까 봐 시도도 하지 않는 것입니다.

늦었다고 영어 공부를 영영 포기할 이유는 없습니다. 지금이라도 영어 공부, 한 번 더 시도해보아요. 실패한다고 죽지는 않으니까요.

어른의
영어 공부,
일단 해봐야 하는 이유 ──

2015년 가을, 한 달 동안 아르헨티나 배낭여행을 다녀왔습니다. 정말 큰 나라였습니다. 수도인 부에노스아이레스에서 이구아수 폭포까지 버스로 20시간이 걸렸습니다. 그나마 가까운 거리예요. 이구아수 폭포에서 최남단 우수아이아까지는 버스로 3박 4일이 걸린다고 합니다.

밤을 새워 버스를 타고 도착하니 아침 9시. 터미널에 내리니 폭우가 쏟아지는데, 언제 그칠지는 알 수 없대요. 열대우림지역이라 비가 자주 내리고 일기예보도 의미가 없다더군요. 버스에서 하룻밤을 보낸 터라 피곤하기도 해서 그냥 숙소에 가서 짐 풀고 하루 쉬고 싶은 마음이 생겼습니다.

짧은 순간, 머릿속에서는 하루 쉬자는 쪽과 비가 내려도 무조건 가자는 쪽이 설전을 벌였습니다. '온종일 비가 오면 어쩌려고!' '우비 입고 다니지?' '그러다 감기 걸리면 어쩌려고!' '그럼 그때 가서 쉬지?' 고민 끝에 결국 가자는 쪽으로 결론을 내렸어요.

폭포에 도착해서 잠시 우산 쓰고 걷다 보니 날이 개었습니다. 포기하자는 유혹에 졌다면 숙소에서 맑게 갠 하늘 보며 땅을 칠 뻔했어요. 역시 인생은 끝까지 가보기 전에는 모릅니다.

저는 취미 삼아 일본어와 중국어 회화책을 암송합니다. 주변에선 업무상 외국어가 필요하냐고 묻곤 하죠. 드라마 PD한테 사실 크게 필요하지 않습니다. 사람들은 그 힘든 걸 왜 하느냐고 묻습니다. 그러면 저는 이렇게 답해요.

첫째, 할 수 있는 만큼만 하면 힘들지 않다고요.

저는 시간이 날 때마다 문장 10개를 외웁니다. 아르헨티나 여행 중에는 스페인어 기초 회화를 암송했는데, 하나도 못 외우는 날도 많았어요. 나이가 들어서 그런지 예전만큼 잘 외워지지 않습니다. 스페인어를 유창하게 할 생각도 없어요. 그냥 지금 이 순간, 제가 할 수 있는 일을 할 뿐입니다. 고맙다고 말하고, 반갑다고 인사만 해도 됩니다.

여행을 다닐 때도 마찬가지입니다. 모든 게 완벽하길 바라지 않아요. 어떻게 매일매일 날씨가 화창하고, 좋은 사람만 만나고, 환상적인 풍경만 볼 수 있나요? 그냥 그날 할 수 있는 데까지 최선을 다할 뿐입니다. 그러다 얻어걸리면 다행이고, 뜻대로 안 되면 그게 또 여행이고 인생이지요.

둘째, 힘들지 안 힘들지는 해보지 않고는 모른다고요.

비를 맞으며 이구아수 폭포를 보는 게 힘들지 안 힘들지는 가보지 않고는 모릅니다. 오히려 무지개 뜬 이구아수 폭포의 장관을 볼지도 모르지요. 여행도, 인생도 딱 고생한 만큼만 보람이 생기더군요.

영어 회화 암송이 힘들지 안 힘들지는 해보지 않고는 모릅니다. 해봤는데 정말 죽도록 힘들면, 그때 가서 포기해도 됩니다. 챗GPT나 AI 통역 기능이 들어간 스마트폰도 있으니까요. 이구아수의 어느 호스텔 직원은 영어를 전혀 못 하는데, 구글 번역기를 컴퓨터 화면에 띄워놓고 그걸로 일하더라고요. 어떤 미국인 여행자는 외국어 사전 앱으로 스페인어 단어 찾아가며 쇼핑을 하고요. 이렇게 살기 편한 세상이니 영어 못해도 사는 데 별 지장은 없습니다. 하지만 포기할 때 포기하더라도 일단 한번 시작해보는 겁니다.

셋째, 세상일은 내 뜻대로 안 될지언정 내 마음은 내 뜻대로 하고 살고 싶습니다.

드라마 PD로 살면서 가장 힘든 점이 무엇이냐는 질문을 가끔 받습니다. 남의 마음이 내 마음 같지 않다는 게 가장 힘듭니다. 드라마 연출은 작가, 배우, 촬영감독을 비롯하여 자유의지를 가진 수많은 전문가를 내 뜻대로 움직여야 하는 사람이죠. 심지어 야외 촬영을 할 때는 길을 막고, 차를 막고, 지나가는 사람들도 막고 촬영을 해야 합니다. 드라마 촬영과 아무 상관이 없는 타인들의 자유의

지마저 제 뜻대로 통제해야 좋은 그림을 얻을 수 있습니다. 마음이 약한 저로서는 참으로 힘든 작업입니다.

그래서 촬영이 끝나면 저는 항상 혼자 여행을 떠나고, 책을 읽고, 글을 씁니다. 이 세 가지는 다 제 마음대로 할 수 있는 일이니까요. 글을 쓰는 것은 드라마 연출에 비하면 정말 쉽고 즐거운 일입니다. 작가를 채근하거나, 배우를 설득하거나, 카메라 감독과 싸울 일이 없어요. 행인들에게 길을 막았다고 욕먹을 일도 없지요. 다른 사람과 싸우면 항상 내가 지는데, 나랑 싸우면 항상 내가 이깁니다. 나랑 싸우면 누가 이기든 승자는 나입니다. 게으른 나도, 부지런한 나도 어쨌든 모두 나니까요.

여행의 쾌감은 가고 싶은 곳에 가고, 보고 싶은 것을 보고, 먹고 싶은 것을 먹고, 자고 싶은 곳에서 잔다는 데 있습니다. 공부도 마찬가지입니다. 공부하고 싶은 곳에서, 공부하고 싶은 순간에, 공부하고 싶은 만큼 공부할 수 있습니다.

어른이 되고 난 다음의 영어 공부, 힘들어도 일단 갈 수 있는 곳까지 한번 가보자고요.

머리가 아닌
몸으로
익혀라

어려서 저는 무협지를 보며 상상의 나래를 펼치곤 했습니다. 필부의 삶을 살던 내가 어느 날 사라졌다가 몇 년 후 홀연히 나타납니다. 경천동지할 무공을 자랑하는 절세 고수가 되어 돌아온 나는 혈투가 난무하는 중원에 사랑과 정의와 평화를 가져옵니다.

무림 고수의 길은 절박함에서 시작됩니다. 부모님을 악당의 손에 잃거나, 사부가 죽임을 당하거나, 아내와 아이를 빼앗기거나 말이죠. 싸움에 휘말리지 않고 평화로운 삶을 고집하던 주인공은 시련을 겪은 후에야 무공의 필요성을 절감하지요. 그리고 결심합니다. '스스로를 바꾸어 세상을 구하겠노라.'

방위병 시절에 저는 무협지 주인공처럼 절박했습니다. 스무 살이 넘어 독립했으니 부모를 잃은 셈이요, 원하는 학과에 떨어졌으니 사부를 잃은 셈이요, 연애 한 번 못 해봤으니 가정을 꾸릴 기회조차 얻지 못한 셈이지요. 그 절박함에서 저의 무공 수련은 시작되었습니다.

당시 저는 영어 회화 테이프를 수십 번씩 듣고, 문장을 닥치는 대로 외웠습니다. 세상을 등지고 홀로 무공 수련에 힘쓴 지 18개월, 어느덧 저는 벽안 무사들의 대화를 들으면 그들의 속내를 금세 알아챘고, 그들의 무림 비급을 읽으면 그 뜻이 눈앞에 무릉도원인 양 펼쳐졌으며, 입을 열면 생생한 영어 문장이 튀어나와 적들이 혼비백산하게 되었습니다. 다시 말해 영어 청취와 독해, 회화 삼박자를 갖춘 고수가 된 것이죠.

고수는 머리가 아니라 몸을 단련하는 사람입니다. 홍콩 영화 〈취권〉을 보면 성룡의 사부 소화자는 술에 취한 상태에서도 주먹이 날아오면 몸이 알아서 피합니다. 몸을 단련시키는 것이 진짜 쿵푸(工夫)니까요.

영어 공부를 할 때 책을 눈으로만 읽으면 실력이 늘지 않습니다. 머리로 이해하기보다 입으로 자꾸 소리 내어 훈련하는 것이 중요합니다. 무협 영화를 보면, 고수가 되는 이상적인 수련 방법은 간단한 일을 몸으로 반복하는 겁니다. 계단을 오르내리며 물을 나르거나 무거운 도끼로 장작을 패는 단순한 일만 반복해서 합니다. 사부님은 절대 현란한 초식이나 고급 기술을 가르쳐주지 않아요. 기초 내공만 계속 수련하게 하지요. 무공을 닦는 것처럼 영어 공부도 기초를 꾸준히 갈고닦는 것이 중요합니다.

　어학 공부를 시작할 때는 적은 분량을 완전히 내 것으로 만드는 학습법이 좋습니다. 주변에 보면 매일 CNN을 틀어놓고 그걸로 영어 실력을 쌓겠다는 사람이 있었습니다. '계속 듣다 보면 한두 개라도 얻어걸리겠지' 하는 심정이겠지요. 요즘은 아침에 일어나 즐거운 마음으로 영어 유튜브를 트는 분도 많지요. 이런 공부는 참 즐겁습니다. 영화 속 영어 대사도 즐기고, 진행자의 농담도 들으며…. '이렇게 매일 1년을 들으면 영어가 늘겠지' 하는 심정으로 듣습니다.

　하지만 초보일 경우, 이런 공부는 세월만 좀먹을 뿐 효과는 크게 없습니다. 기왕 결심했다면, 기초 회화를 외우세요. 초급 회화 외우기로 영어의 틀을 잡은 후에라야 다양한 방식으로 영어를 접하는 게 효과가 있습니다.

　외대 통역대학원에는 저 같은 국내 독학파가 드문데, 심지어 저는 장학금도 탔어요(성적 상위 10퍼센트 학생에게만 줍니다). 대학원 후배인 아내는 제가 머리가 무척 좋은 사람인 줄 알았대요. 그 환상이 깨진 것은 제가 나이 마흔에 일본어를 공부하는 걸 보고서였답니다.

　"당신은 머리가 좋은 게 아니라 그냥 미련한 거야. 그렇게 공부해서도 안 되면 그게 이상한 거지."

　저는 머리를 믿지 않아요. 오히려 습관이 깃든 몸을 믿습니다. 무엇을 잘하려면, 매일 하는 것 말고는 방법이 없다고 생각합니다.

'꿈이 있다면, 머리를 쓰지 말고 몸을 굴리자.'
이것이야말로 제가 영어 공부를 통해 익힌 절대 무공입니다.

영어가 주는
세 가지
즐거움

    2015년 가을, 저는 아버지와 둘이서 3주간 뉴욕 여행을 다녀왔습니다. 75세의 아버지와 47세의 아들, 부자가 미국 현지 가정에서 하숙하며 즐겁게 여행하고 왔어요. 아버지께서 무척 뿌듯해하셨지요. 아들이 동시통역사가 되고 드라마 PD가 된 건, 다 당신이 가르친 영어 덕분이라고 생각하시니까요. 아버지는 중학교 영어 선생님이셨거든요. 저도 인정합니다. 제가 인생을 즐겁게 사는 가장 큰 비결이 영어니까요.

    대학생들도 먹고살 걱정에 여유가 없는 시기지만 전 20대 청춘의 시기에는 여행, 독서, 연애 이 세 가지를 즐겨야 한다고 말하고 다닙니다. 생각해보니 제가 그 세 가지를 즐긴 것이 다 영어 덕이었습니다.

첫 번째, 여행

저는 대학 4학년 때 처음 유럽으로 배낭여행을 떠났습니다. 그때 여행 경비는 전국 대학생 영어 토론대회 나가서 받은 상금과 과외를 해서 번 돈으로 마련했지요. 영어가 되니까 여행 가서도 참 좋더군요. 런던에 가서 싼 숙소를 찾는 것도, 맛집을 찾기도 다 너무 쉬웠어요. 게스트하우스에서 만난 외국인 배낭족들과 수다 떠는 것도 무척 즐거웠고요. 돌아오는 길에 '앞으로 죽을 때까지 매년 한 번씩 해외여행을 떠나자'라고 결심했습니다.

1992년에 마음먹은 뒤 매해 한 번도 빠짐없이 여행을 다녔습니다. 언어의 장벽이 사라지면 해외여행은 더욱 즐거워져요. 영어만 할 줄 알아도 웬만큼 소통하는 데에는 문제가 없답니다. 영어를 독학했던 것과 똑같은 방식으로 요즘은 짬짬이 중국어나 일본어를 공부합니다. 영어가 거의 통하지 않는다는 남미 배낭여행을 준비하면서도 겁은 안 났어요. '까짓것 스페인어를 공부하면 되지' 하는 생각이었지요.

두 번째, 독서

대학 시절에 저는 미국 작가 스티븐 킹에 빠져 살았습니다. 스티븐 킹이 한국에서 인기를 끌기 전이라 번역되어 나온 책이 별로 없어서 원서로 읽기 시작했습니다. 수업 시간에 강의실 뒤편에 앉아 전공 서적 아래 소설을 펴놓고 읽었습니다. SF 작가 아이작 아시모

프도 좋아하는데, 단편 소설 중 아직 국내에 소개되지 않은 작품이 많았어요. 평생 500권의 책을 냈다고 하니 우리나라에 소개 안 된 작품이 어디 한둘이겠습니까. 저라도 번역해서 소개해야겠다는 생각에 나우누리 통신 동호회에 한 편, 두 편 번역해서 올렸어요.

재미 삼아 한 번역인데 나중에 출판사에서 책까지 냈지요. 학창 시절에 번역으로 짭짤한 부수입을 올렸습니다. 재미로 시작한 번역이 돈벌이가 되고, 그렇게 번 돈으로 다시 책을 사서 읽었습니다. 영어를 잘하면 원서를 잘 읽게 되고, 원서를 많이 읽으면 또 영어가 늘어요. 영어와 독서만큼 행복한 선순환도 없습니다.

마지막으로 연애

여행과 독서는 영어와 상관관계가 있다는 걸 알겠는데, 연애는 무슨 관계가 있나 의아하시죠? 연애란 사실 마인드 게임입니다. 연애에 임하는 사람이 자신감이 없으면 잘되기가 쉽지 않지요. 저는 대학 1, 2학년 시절 미팅에 나갈 때마다 차였습니다. 못생긴 외모를 심하게 의식하는 바람에 자학 개그를 연발했는데, 그런 식으로 웃기는 건 연애에 별 도움이 안 되더라고요.

스무 번 연속으로 차였고, 결국 연애 포기하고 군대 갔습니다. 그때 방위병 생활을 하며 영어 회화책을 외웠습니다. 그런데 한 권을 떼고 나니 자신감이 생겼습니다. 마음만 먹으면 무슨 일이든 할 수 있다는 자신감이 생긴 겁니다. 연애에는 자신감이 필수입니다.

내가 나를 좋아하지 않는데 어떻게 남이 나를 좋아할까요? 자신을 자랑스럽게 여기는 마음, 나를 좋아하는 그 마음이 연애의 시작입니다.

연애 한 번 못 해보고 군대에 간 게 큰 한이었습니다. 복학하면 멋진 연애를 해보리라 마음먹고 주말이면 도서관에서 열심히 책을 읽었습니다. 1년에 200권을 읽어 울산남부시립도서관에서 주는 다독상까지 받았어요. 책을 많이 읽으면 어떤 주제가 나와도 대화에 자신감이 생깁니다. '뭐 좋아하세요?' 하고 물어보고, 상대의 전공이든 취미든 진로든 책에서 읽은 내용을 바탕으로 대화를 풀어가면 되거든요.

영어라는 확실한 특기 하나가 생기니, 인생에 대한 자신감이 생기고, 호감 가는 여성에게 용기 내어 말을 걸어볼 수 있게 되었어요. 전에는 '이렇게 못난 제가 어찌 감히 그대를 만나겠어요'였다면, 이제는 '이렇게 멋진 내가 오늘은 특별히 당신을 즐겁게 만들어드릴게요'가 된 거지요. 20대 후반에 화려한 연애를 즐겼고, 그 추억이 훗날 로맨틱 코미디를 연출하는 밑천이 되었는데요, 다 영어 공부 덕분이었어요.

대학 졸업을 앞두고 여덟 군데 기업에 입사 원서를 넣었는데, 일곱 군데에서 서류 심사 낙방했습니다. 면접도 한번 못 보고 백수가 될 판이었지요. 다행히, 마지막 남은 한국 3M에서 서류에 합격했다는 연락이 왔어요. 필기시험을 본 후, 면접을 보러 갔어요. 입사 지원서에 취미와 특기를 적는 난이 있었는데 취미는 영어 회화, 특기는 독서라고 써넣었지요. 면접관이 물었어요.

"김민식 씨, 이거 실수하셨네. 취미랑 특기를 바꿔서 쓰신 거 아닙니까? 취미가 독서고 특기가 영어 회화겠지."

면접관이 제 미끼를 물어버린 것이죠.

"저는 1년에 책을 200권씩 읽습니다. 제겐 독서가 특기입니다. 그리고 영어는 재미있어서 혼자 취미 삼아 공부했습니다. 제게 영어는 특기가 아니라 취미입니다."

결국 제가 취업에 성공한 것도 영어 덕분입니다.

삶의 표현양식을 더 풍부하게 해주는 확장자로 영어만 한 것도 없습니다. 요즘 해외 취업 이민을 준비하거나 아이 조기 유학 뒷바라지를 준비하는 분들이 많은데, 그런 분들에게도 영어가 성공의 관건입니다. 닥쳐서 부랴부랴 공부하면 여유가 없어요. 여유가 없는 공부는 즐겁지 않고, 즐겁지 않으면 잘 늘지 않습니다.

배낭여행 다니면서 워킹 홀리데이로 돈을 모아 여행 온 젊은 친구들을 많이 만났습니다. 똑같은 워킹 홀리데이라도 영어를 잘하느냐 못하느냐에 따라 일이 달라지고 생활이 바뀐다고 하더군요. 그러다 보면 삶도 바뀌고요.

삶은 언제 바뀔까요? 새로운 지식이 생겼을 때? 새로운 기술을 익혔을 때? 삶이 가장 크게 바뀌는 순간은 삶에 대한 태도가 바뀔 때입니다. 영어를 독학한 후 제 삶은 달라졌습니다. 영어 공부가 제겐 인생을 바꾸는 출발점이었어요. 100세까지 사는 인생입니다. 후반부에 어떤 인생이 펼쳐질지는 누구도 모르니 지금이라도 영어는 조금씩 공부해두자고요.

셀프 몰입 유학 캠프 24시

1980년대 말 대학에 다닐 때, 제 꿈은 미국 유학이었습니다. 저는 군인들이 대통령을 하는 한국이란 나라가 싫었고, 적성에 맞지 않는 공대라는 전공도 싫었고, 제 의사와는 무관하게 나의 미래를 단정하는 아버지도 싫었어요. 그 모든 것으로부터 탈출하는 최고의 길이 유학이었지요.

그런데 쉽지가 않더군요. 대학원으로 유학을 가자니 학부 성적이 모자라고, 전공을 바꾸자니 학부부터 다시 시작해야 하는데 비용이 감당이 안 되고. 가정 형편을 생각하면 유학은 포기하는 게 맞았지요. 하지만 유학이라도 가야 영어를 잘할 것 같아서 쉽게 포기가 되지 않았습니다. 그러다가 생각했습니다. 영어는 한국에서도 공부할 수 있지 않을까? 여기가 미국인 양 생활하면 그게 유학 아닌가?

학기 중에는 수업도 듣고 과제도 내고 이래저래 시간 관리가 힘듭니다. 하지만 방학은 마음먹기에 따라 하루 24시간을 온전히 내 것으로 쓸 수 있어요. 방학 동안 미국에 단기 유학 왔다고 생각하고 매일을 살아보면 어떨까? 그래서 시작했습니다. 셀프 몰입 유학 캠프!

아침에 눈을 뜨면 AFKN 뉴스를 틉니다. 청계천에 가서 고물 흑백 TV를 중고로 3만 원 주고 사 왔어요. 당시만 해도 하숙방에 TV 있는 사람이 저뿐이라서 스포츠 중계가 있는 날엔 다들 제 방으로 몰려왔어요. 그래서 채널을 AFKN에 고정해놓고 다이얼을 펜치로 뽑아버렸습니다. 아예 다른 채널은 못 틀게 말이죠. 독한 놈이라고 다들 욕을 하더군요.

그래도 전 이렇게 생각했어요.

'욕먹어도 상관없다. 나는 영어를 배우러 미국에 온 유학생이다. 저들은 영어를 못하는 다른 나라 유학생이니, 굳이 말을 섞지 않아도 된다.'

방학이어도 학교 도서관에 가서 공부를 했어요. 학교에 갈 때는 그날 외워야 할 회화 표현을 손바닥만 한 메모지에 적고 중얼중얼 외우면서 걸었습니다. 열 번 정도 읽으면 그다음엔 보지 않고도 할 수 있어요. 하루 중 아무 때나 틈만 나면 중얼중얼 문장을 외웁니다. 다들 나를 미친놈 보듯 해도 상관없어요. 나는 미국에 유학 온 가난한 고학생이니까요. 미국까지 타고 온 비행깃값을 뽑으려면 독하게 공부해야 합니다.

도서관에 앉아 영어 교재를 보며 '빡세게' 공부하다가 힘들다 싶어지면 쉬어야 합니다. 그럴 때면 도서관 뒤편으로 데이트하러 갑니다. 아이와(AIWA)라고, 추억의 일제 카세트 플레이어가 있어요. 그걸 꺼내 이어폰을 꽂고 테이프를 재생합니다. 아침 내내 걸어오면서 외운 그날의 회화가 들려옵니다. 원어민 여자 성우의 말을 들으면서 마치 내가 상대방인 양 다정하게 대화를 나눕니다. 책은 보지 않고 원어민의 발음에만 집중해서 서로 이야기를 나눕니다. 때론 여자 역할을 하며 목소리를 가늘게 해서 흉내도 내봅니다. 지나가던 커플이 미친놈 보듯 쳐다보네요. 상관없어요. 저는 미국에 유학 온 가난한 고학생입니다. 비싼 미국 생활비의 본전을 뽑으려면 독하게 공부해야 합니다.

점심 먹고 나면 나른하고 피곤하지요. 이때 스티븐 킹의 소설을 꺼내 들어요. 용산 미군기지 옆 헌책방에 가서 2000원 주고 사 온 영문 페이퍼백입니다. 영어 직독직해를 연습하는 데 최고의 텍스트지요. 스티븐 킹의 소설을 몰입해서 읽다 보면 머리가 쭈뼛쭈뼛 서면서 잠이 확 달아납니다. 남들은 고시 공부하느라 온갖 법학 개론을 쌓아놓고 공부하지만 저는 영문 페이퍼백 한 권을 펼쳐놓고 반나절을 보냅니다. 누가 흉봐도 상관없어요. 저는 미국에 유학 온 학생입니다. 미국에서 미국 소설 읽는 게 뭐가 이상해요?

오후 3시, 독해와 영작을 공부할 시간입니다. 자료실에서 복사해 온 〈타임〉 사설을 펼쳐놓고, 번역을 시작합니다. 번역이 끝나면 나가서 잠시 산책합니다. 운동장을 한 바퀴 돌면서 사설을 소리 내어 읽습니다. 마치 뉴스 앵커인 양 유창한 발음을 흉내 내면서 큰 소리로요. 누가 쳐다봐도 할 수 없어요. 저는 유학생이니까요. 가난한 나라에서 왔기에 더 독하게 공부하는 중입니다.

다시 자리로 돌아가, 번역한 한글 문장을 보면서 영작을 시작합니다. 분명 번역도 해보고 소리 내어 몇 번씩 읽은 문장인데도 기억이 나지 않네요. 그래도 열심히 영작을 시도합니다. 끝난 후에 원문과 맞춰봅니다. '아, 여기서 정관사가 또

빠졌네. 이 단어가 왜 그리 생각이 안 나지?' 기억을 못한 단어는 따로 단어장에 적어둡니다. 며칠간 집중 공략해야 하는 대상입니다.

힘든 공부가 끝나면 하숙집으로 돌아가 나름대로 여가 활동을 합니다. 저녁 먹을 땐 옆에 페이퍼백 소설을 펼쳐놓고 아까 읽던 부분을 이어 읽습니다. 괜히 다른 친구들이랑 대화를 나누면 영어 몰입 모드가 깨집니다. 철저하게 영어만 접하며 하루를 보냅니다. 식사가 끝나면 방으로 와서 TV를 틉니다. 저녁 7시면 AFKN에서 시트콤을 합니다.

'〈프렌즈〉가 은근히 재미있네. 한국에는 왜 저런 시트콤이 없을까? 젊은 애들끼리 연애하는 이야기, 한국에서 누가 저런 거 만들면 대박 날 텐데.'

챈들러의 한마디에 방청객이 웃음을 터뜨립니다. 나는 못 알아듣는데, 자기들끼리 웃으니까 자존심 상합니다. 아직도 리스닝이 약하군요.

다음 날 도서관에 가는 길에는 간밤에 녹음해둔 〈프렌즈〉를 듣습니다.

'무슨 말이었기에 사람들이 그렇게 웃었을까?'

TV 소리를 녹음한 거라 음질이 좋지 않지만, 들릴 때까지 끈질기게 반복해서 들어봅니다. 잘 들어보니 내가 아는 단어군요. 길에 서서 문득 이마를 칩니다. 아, 이 단어를 미국 애들은 이렇게 발음하는구나. 큰일이라도 해낸 양 의기양양해집니다. 갑자기 마구 기뻐서 '앗싸!' 하고 혼자 주먹을 불끈 쥐기도 합니다. 사람들이 쳐다봐도 할 수 없어요. 나는 미국에 유학 온 학생이니까요.

도서관 앞에 고교 동창회 모임 안내 포스터가 붙어 있습니다. 지나가던 동창을 만났어요.

"야, 방학 때 고향에 안 내려간 친구들끼리 모여서 한잔하자는데, 너도 올

거지?"

친구 말에 씩 웃으며 고개를 젓습니다. 속으로는 이렇게 말했죠.

'I am sorry, but I am busy.'

모임은 무슨, 나는 미국에 유학 왔다. 한국 유학생과는 어울리지 않는다. 여기까지 와서 한국 유학생들이랑 놀 거면 그냥 한국에 있지 비싼 학비 내고 뭐하러 오나? 나한테 잘하자. 집도, 학교도, 나라도, 환경은 내 힘으로 바꿀 수 없지만 적어도 내 인생은 내 뜻대로 바꿔 보자. 나의 삶, 나의 욕망에만 집중하고 살자고 다시 다짐합니다.

그렇게 방학 두 달 동안 영어만 미친 듯이 팠더니, 영어가 미친 듯이 늘었어요. 아, 정말 뿌듯하군요.

마지막으로 정산해봤습니다. 제가 아낀 돈이 얼만지 살펴보았어요. 미국 가는 비행깃값, 미국 대학 등록금, 미국 생활비 모두 그대로 남았어요.

'와, 방학 동안 돈 많이 벌었네!'

정말 뿌듯합니다. 셀프 몰입 영어 캠프, 완전 남는 장사예요. 여러분도 한번 해 보세요. 뜻이 없지, 길이 없으랴!

2장
일단 한 권 외워보자

I hope that in this year to come, you make mistakes. Because if you are making mistakes, then you are making new things, trying new things, learning, living, pushing yourself, changing yourself, changing your world. You're doing things you've never done before, and more importantly, you're doing something.

- Neil Gaiman

묻지도 따지지도 말고 무조건 외워라

초등학교 6학년 여름방학 때였습니다. 방학이 시작되자 고등학교 영어 선생님인 아버지께서 중학교 1학년 영어 교과서를 가져오셨습니다. ABC도 모르는 제게 다짜고짜 영어 교과서를 통째로 외우라고 하셨지요. 아버지의 영어 교수법은 정말 간단했습니다.

"문법 이해, 필요 없다. 유창한 발음, 필요 없다. 그냥 문장을 외워라."

당시 중학교 1학년 영어 교과서는 이렇게 시작했습니다.

I am Tom.

I am a student.

You are Jane.

You are a student, too.

사전을 찾아가며 더듬거리면서 외웠지요. 1과를 다 외우니까, 다음 날엔 2과를 외우라고 하셨습니다. 싫다고 하면 혼나고, 못 외우면 매를 맞았지요. 영어를 배운 적이 없는 초등학교 6학년에게 중학교 1학년 교과서를 주고 무조건 외우라니, 이게 가능한가 하는 생각이 들었지요. 하지만 맞기 싫으면 외울 수밖에 없었습니다.

첫날 1과를 외웠습니다. 그래도 1과는 쉬워요. 둘째 날에는 2과를 외웠습니다. 저녁에 숙제 검사할 때는 1과와 2과를 동시에 외웠습니다. 셋째 날에는 1과, 2과, 3과를 외웠습니다. 새로운 진도를 나갈 때마다 문장은 점점 더 어려워지고 양도 늘더군요. 그래도 하루 1시간만 집중하면 한 과는 충분히 외울 수 있었어요. 그렇게 방학 마지막 날이 되었습니다.

저는 대청마루에 아버지와 나란히 드러누워 천장을 바라보고 1과부터 소리 내어 줄줄 외워나갔습니다. 끝까지 외우는 데 1시간 반이 걸렸습니다. 다 끝나자 옆에 앉아 긴장된 표정으로 지켜보시던 어머니가 수박을 내오셨지요. 그게 저의 첫 번째 책거리였습니다.

이렇게 외웠더니 중학교 들어가서 영어는 따로 공부하지 않아도 첫 시험부터 내리 100점을 맞았습니다. 수업 시간에 책을 소리 내어 읽노라면, 당시 울산 시골에서는 드물게 영어 발음이 좋다는 얘기도 들었습니다. 당연하지요. 보면서 더듬더듬 읽는 게 아니라 외운 걸 말하는 거니까요.

2017년에 책을 낸 후, 온라인 리뷰를 보니 이런 글이 올라왔어요.

"그럼 그렇지. 결국 아버지가 영어 선생님이라서 영어를 잘하게 된 거군."

제가 요즘 도서관 강의를 가면 손 들고 질문하는 분도 있어요.

"PD님은 날 때부터 언어에 재능이 있으신 거 아닌가요?"

그럴 때 저는 제 대학 성적표를 화면에 띄웁니다. 2학년 1학기 영어 성적이 D+입니다. 제가 언어에 재능이 있었다면 영어 성적이 이랬을까요? 아버지에게 맞으며 영어를 배운 탓에 저는 오히려 자라면서 영어 공부에 흥미를 잃었습니다. 대학교 2학년 때까지 저는, 객관적으로 영어를 못하는 축에 속했습니다.

잘하는 것도 하고 싶은 것도 없었던 저는 궁여지책으로 영어 공부라도 해보자 마음먹었어요. 신기하게도요, 공부하기 싫을 때는 공부를 못하는 핑계를 찾습니다. '저 사람은 집안 환경이 좋아서 성적이 잘 나오는 거야.' '아, 날 때부터 머리가 좋아서 공부를 잘할 수 있지.' 스스로 공부하겠다고 결심하면, 핑계가 아니라 방법을 찾습니다.

어떻게 하면 영어를 잘할 수 있을까? 어릴 적에 교과서를 외웠더니 영어가 술술 나왔던 게 떠올랐어요. 영어 암송법, 그건 혼자서도 해볼 수 있겠다 싶었지요.

제가 아는 어떤 분은 영어를 참 잘해서 미국 와튼스쿨에서 MBA

를 딴 후, 외국에서 일하고 있어요. 그분이 영어를 배운 과정도 비슷하다고 하시더군요.

"저희 어머니도 항상 새 학년 시작 전 자식들에게 영어 교과서를 외우게 하셨어요. 단 3과까지만요. 학기 초 자신감만 갖게 되면 알아서 한다고 하셨죠. 때리는 대신 본인이 직접 줄줄 외우면서 모범을 보이셨지요. 설거지하며 4형제의 영어 교과서를 외우시던 모습이 아직도 기억나요."

큰 딸 민지가 초등학교 6학년 때. 둘이서 라오스로 여행을 간 적이 있어요. 그때 저는 민지랑 《가장 쉬운 중국어 첫걸음의 모든 것》(진현 지음, 동양문고)이라는 책에 나오는 회화 본문을 다 외웠어요. 둘이서 역할을 교대해가며 문장을 암송했습니다. 제가 막히는 부분에서 민지가 가르쳐주는 경우가 많았어요. 아이의 기억력이 저보다 좋더라고요. 둘이서 주거니 받거니 게임하듯 암송으로 경쟁했습니다. 아이와의 암송 경쟁에서는 져도 기분이 좋아요. 부모에게 아이와의 경쟁은 그런 것이지요. 아이에게는 어른인 부모보다 무언가 더 잘하는 것이 있다는 자신감을 심어주니, 그 또한 좋고요.

중학교 영어 교과서에 나오는 문장들은 쉽고 간단해서 좋은 '말 부모'가 됩니다. 정해진 양을 매일 외우면 영어가 술술 늡니다. 문법이나 발음을 까다롭게 따지면 영어가 어렵다는 그릇된 인상을 심어줄 수 있습니다. 아기가 처음 우리말을 배울 때도 틀린 문장과 어설픈 발음으로 시작하듯이, 외국어도 실수를 통해 배울 수 있도록 너그럽게 배려해주세요. 문장 암기, 영어 공부의 기초이자 정석입니다.

처음부터 거창할 필요는 없다

통역사 출신 PD라고 소문이 나자 회사에서 저를 찾아와 영어 잘하는 비결을 알려달라는 분들도 있습니다. 그럼 저는 물어봅니다.

"영어는 왜 공부하시려고요?"

그러면 대개 이런 대답을 해요.

"뉴욕에 가서 브로드웨이 뮤지컬을 마음껏 즐기려고요."

"유럽 여행 가서 현지 사람들하고 직접 영어로 소통하고 싶어서."

브로드웨이 뮤지컬에는 한글 자막이 없고, 여행 가서 직접 이야기를 나누면 가이드를 통해 듣는 것보다 훨씬 재미있으니까요. 그분들에게 저는 기초 회화책을 한 권 외워보시라고 권합니다. 쪽지를 활용하는 법, 의미 단락별로 문장을 끊어서 외우는 법 등 노하우를 다 알려드려요. 그럼 꼭 이렇게 묻는 분들이 있어요.

"그런데 기초 회화를 외운다고 뮤지컬 청취가 되나요? '굿모닝, 하우 아 유?' 이런 것보다 더 심층적인 대화를 나누고 싶은데."

기초 회화가 탄탄해야 고급 회화로 갈 수 있고, 기초만 해도 어느 정도 의사소통은 가능하다고 말씀드리죠. 양에 안 차는지 질문이 또 이어집니다.

"기초 회화를 외운 다음, 수준 높은 영어를 공부하려면 어떻게 하나요?"

"그건 회화책을 한 권 다 외우신 다음에 말씀드릴게요. 6개월 후에 다시 찾아오세요."

그런데 다시 찾아온 사람은 아무도 없었습니다. 다들 영어 공부를 한다고 하면 무언가 거창한 방법이 있을 거라 생각합니다. 하루에 10문장만 외우라고 하면, 고작 그걸로 영어를 마스터할 수 있을까 의구심을 갖는 거죠.

《나는 고작 한번 해봤을 뿐이다》(김민태 지음, 위즈덤하우스)라는 책을 보면 저자는 일단 한번 해보는 것의 힘에 대해 이야기합니다. 우리말에서 '한 번'과 '한번'은 약간 의미가 다릅니다. '한 번'이라고 띄어 쓰면 1회라는 횟수를 뜻하고, '한번'이라고 붙여 쓰면 시도를 강조하는 의미가 됩니다. 저자는 일단 시도해보자는 의미로 '한번'을 쓴 거 같아요.

큰 목표를 세우기 전에 일단 작은 과제를 하나 시도해봅니다. 미션을 완수하면 해냈다는 성취감을 느끼고, 이는 다시 다음 미션의 동기부여가 됩니다. 이렇게 계속 하나씩 성취해가다 보면 어느 순간 인생의 극적인 변화를 맛보게 되지요. 아무것도 하지 않으면 아무 일도 일어나지 않아요. 평범한 인생을 변화시키는 그 시작은 '한번 하기'입니다.

또 한편으로는 책 한 권을 외우라고 하면 지레 겁을 먹습니다. 회화책 본문을 세 번만 소리 내어 읽어보세요. 읽고 난 후, 고개를 들고 한번 되뇌어보세요. 의외로 머릿속에 남은 문장이 많을 겁니다. 기억이 안 나면, 영어 대신 한글 번역을 보고 다시 원문을 떠올려보세요. 잘 안 되어도 실망하지 말고요. 첫술에 배부를 수 없잖아요. 짧은 시간이라도 매일 꾸준히 공부하는 게 중요합니다.

쉽고 간단하지만, 꾸준히 반복하면 책 한 권을 외우게 돼요. 책 한 권을 외우면 영어가 술술 나오고, 해외여행 가서 회화 실력을 마음껏 발휘하다 보면 성취감과 보람에 뿌듯해지고 인생이 행복해집니다. 그 모든 시작이 '고작 한번 해봤을 뿐'인 겁니다.

나는 《영어책 한 권 외워봤니?》를 단숨에 읽고, 정말 외워봤다. 저자의 설득에 넘어가 안 외울 수가 없었다. 책에서 언급한 《영어 회화 100일의 기적》을 걸어 다니며 지하철에서 다 외웠다. 기적을 경험했다. 그리고 영어 전문가 문성현 저자도 만나는 행운을 얻었다. 이것이 김민식 PD의 힘이다. 힘의 원천은 경험이다. 그는 경험이 깊은 이야기를 들려주고 경험 사례는 구체적이다. 이런 얘기 하려면 잘 살아야 한다.

2025년에 《월급 절반을 재테크하라》(김민식 지음, 알에이치코리아)를 냈을 때, 김민태 저자가 페이스북에 올린 서평입니다. 이렇게 소중한 후기를 읽을 때마다 힘들게 책을 쓴 보람이 있구나 하는 생각이 듭니다. 나도 당신의 책에서 한번 해보는 힘의 기적을 배웠답니다. 고마워요, 김민태 저자님.

그래도 여전히 궁금하지요?

'영어 초급 회화책을 외우고 나면 그다음에는 무엇을 할까?'

미리 궁금해하실 필요는 없습니다. 지금 이 순간, 내가 하는 일에 집중하는 게 우선입니다. 일단 하루 한 과를 외우고, 한 달에 서른 개 상황을 외우고, 끝내 한 권의 책을 외우는 게 우선입니다. 첫 번째 관문을 통과하면 다음에는 스스로 과제를 찾아내게 되어 있습니다.

저는 《가장 쉬운 중국어 첫걸음의 모든 것》을 외우고 난 뒤, 같은 출판사에서 나온 다음 단계의 교재인 《중국어 초중급의 모든 것》(백연주 지음, 동양북스)을 외우기 시작했습니다. 효과가 있는 방법이라면 계속 밀고 나가야지요. 영어 연설문이나 영시, 드라마 명대사, 팝송 등 다양한 소스 중에 본인이 좋아하는 것을 찾아가면 됩니다. 다만, 입이 완전히 트일 때까지는 될 수 있으면 암송법을 계속 밀고 나가길 권해드립니다.

인생의 행복이라는 거창한 목표도, 지금 이 순간 내가 할 수 있는 일을 그냥 한번 해보는 것에서 시작합니다.

하루 10문장만 외워보자

'영어 회화, 어떻게 하면 잘할 수 있을까?'

분명히 아는 표현인데 막상 외국인을 만나면 입이 떨어지지 않는다고들 합니다. CNN 뉴스도 꽤 들리는 편인데, 말하기는 미국 초등학생 수준만큼도 안 된다고요. 우리가 들어서 아는 만큼만 영어로 말할 수 있어도 회화의 달인이란 소리 들을 텐데 왜 말하기는 듣기보다 어려울까요?

이건 당연한 이야기입니다. 언어에는 듣고 이해하는 수동적 영역과 직접 표현하는 능동적 영역이 있어요. 우리의 모국어인 국어 능력을 봐도 평소 뉴스에서 듣고 이해하는 문장이 10개라면, 말할 때 쓰는 표현은 그중 셋도 안 됩니다. 평소 자신이 말하는 것을 돌아보세요. 내가 아는 한국어 표현을 다 쓰지 않습니다.

우리가 능동적으로 쓸 수 있는 언어의 표현은 이처럼 제한된 영역 안에서 이루어집니다. 국어도 아는 문장 10개 중 5~7개를 쓰고 말한다면 그 사람이 바로 명문장가요, 달변가가 됩니다. 평생을 통해 친숙해진 모국어도 이렇게 수동적 이해 영역과 능동적 표현 영역의 차이가 클진대 하물며 외국어는 오죽하겠습니까.

회화를 잘하는 방법은 정말 간단합니다. 내가 알아듣는 10개의 문장을 다 말로 할 수 있으면 됩니다. 분명 회화의 달인이 될 거예요. 어떻게 하면 그럴 수 있느냐고요? 쉽습니다. 내가 아는 문장 10개를 무조건 외워서 입에 달고 살면 됩니다. 공부 방법 중 가장 단순한 것이 암송입니다. 언제 어디서나 짬이 날 때마다 중얼중얼 외우면 되거든요. 출퇴근하면서 걸어갈 때, 저는 중얼중얼 영어 문장을 외웠어요. 하루에 딱 10개만 외운다고 생각하면 그리 힘들 것도 없어요. 다음 날에는 전날 외운 것에 덧붙여 새로 10개만 더 외우고요. 그다음 날엔 다시 10개를 추가하지요.

'오늘은 초급을 외웠으니 다음 주엔 중급 표현을 외워야지!' 이렇게 욕심낼 필요는 없습니다. 내가 외운 초급 표현의 양이 차고 넘치면 어느 순간 고급 표현이 나오는 것이지, 외워지지도 않는 긴 문장을 억지로 외운다고 고급 회화로 가는 것이 아니거든요.

출퇴근길에 매일 문장 10개씩 추가하며 중얼중얼 외우고 주말 저녁 한가할 때 마음잡고 앉아 그동안 외운 영어 문장 70개를 되짚어보는 겁니다. 이렇게 매일 10개씩 외우면 한 달에 300개의 문장을 외우게 됩니다.

하루 10문장 외우기, 너무 간단해 보이나요? 이 학습법의 효과는 재테크에서 말하는 '복리의 마법'처럼 놀랍습니다. 복리로 이자가 붙듯, 처음 10개가 중요한 게 아니라 전날 외운 분량에 매일 10개씩 늘어간다는 게 이 학습법의 핵심입니다. 이렇게 외워둔 문장은 언제 어떤 상황에서든 자신 있게 대화를 시작하는 밑바탕이 됩니다.

'내 머리로 한 달에 영어 문장 300개를 외운다고? 아이고, 머리야! 난 수학이나 물리는 되는데 영어는 영…' 하실 분도 있겠지요. 영어 잘하는 머리는 따로 타고난다고 생각한다면, 미국에 한번 가 보세요. 거기서는 다섯 살짜리 아이도 영어를 합니다. 미국 사람 중에 "오우, 죄송해요. 전 머리가 나빠서 영어를 못해요" 하는 사람은 없잖아요.

언어는, 노력만 하면 누구나 잘할 수 있습니다. 과학 천재는 아무나 되지 못하지만, 외국어의 달인은 누구나 될 수 있습니다. 영어의 고수 되는 법, 왠지 만만하게 느껴지지 않나요?

기초 회화책 한 권을 통째 외우면 말문이 트입니다. 언제 어디서든 영어로 말할 수 있어요. 기초 회화는 수준이 낮은 문장이 아니라, 사용 빈도가 가장 높은 문장들입니다. 자기소개, 인사말, 날씨 묻기 등 언제 어디서나 써먹을 수 있는 표현들이지요. 《VOCA 22000》에 나오는 단어나 〈타임〉에 나오는 표현은 생활영어에서는 거의 써먹을 수 없습니다. 영어 회화는 회화 학원에 다녀야 배울 수 있다고 생각하는 분도 있는데요, 원어민 회화반은 내가 이미 아는 표현을 써먹는 곳이지 모르는 표현을 배우는 곳이 아닙니다. 회화 수업에 들어가 원어민의 유창한 영어 실력을 구경만 하는 것보다 혼자서 책을 읽고 소리 내어 문장을 읽고 외우는 편이 낫습니다. 어학 실력은 능동적 표현의 양을 늘리는 데서 판가름 나니까요.

머리로 이해한 것을
외웠다고
착각하지 마라

몇 년 전 친한 배우가 영어 공부를 하고 싶다고 회화책을 추천해 달라더군요. 기초 회화책을 한 권 추천해주었습니다. 그런데 그 책을 보더니 실망하는 눈치였어요. '굿모닝! 하우 아 유? 하우 두 유 두?'부터 시작하는 책이었거든요.

초급 회화부터 공부하라고 하면 누구나 '그 정도쯤이야' 하고 코웃음을 칩니다. 그럴 땐 간단한 셀프 테스트를 해볼 필요가 있습니다. 기초 회화책의 5과나 10과의 회화 본문을 펼치고, 영어 문장을 보지 않은 상태에서 한글 해석만 보고 영어로 말해봅니다. 완벽한 영어 문장이 나오면 다음 과로 넘어가 또 테스트해봅니다. 책 끝부분에 이르렀을 때도 제대로 말할 수 있다면 그 책은 공부 안 해도 됩니다. 다음 단계 책으로 넘어가면 됩니다.

100퍼센트 완벽한 수준은 아니지만 70퍼센트 정도는 말할 수 있다고 한다면, 어떻게 할까요? 그럴 때는 책을 외워야 합니다. 기초 회화를 70퍼센트 정도 한다는 것은 전치사 빼먹고, 관용구 틀리고, 그냥 아는 단어만 나열하는 겁니다. 기초 회화는 활용 빈도가 높다는 것, 즉 자주 쓰이는 문장이라는 뜻입니다. 완벽하게 입에 달고 살아야 합니다. 중급이나 고급 표현은 좀 틀려도 이해해주지만 기초 회화가 서툴면 영어 잘한다고 인정받기 힘들어요.

무언가 배울 때 가장 방해가 되는 것은 나 자신입니다. '이 정도는 알고 있지'라고 자신하는 순간, 새로운 것을 배울 기회가 사라집니다. 대부분이 기초 회화는 안다고 자신하지요. 하지만 책을 읽어 이해하는 것은 제대로 아는 것이 아닙니다. 문장을 보지 않고도 말이 나와야 언어를 아는 것입니다. 그렇지 못하다면 기초 회화부터 새로 외워야 합니다.

PD로 일하면서 연예인들을 자주 만납니다. 요즘은 한류 열풍으로 해외 행사나 해외 팬 미팅이 많아져서 영어 과외를 받는 배우나 가수도 많아요. 대개는 어려서부터 미국에서 살다 온 교포나 유학생들에게 과외를 받죠. 이들이 공부하는 모습을 들여다보면 안타까울 때가 많습니다.

영화 대본을 가지고 회화를 연습하기도 하고, 〈뉴욕타임스〉의 기사를 들고 번역을 공부하기도 합니다. 이건 선생과 학생 양쪽의 자기만족을 위한 공부일 뿐 효과는 적습니다. 사실 교포나 유학생은 영어를 가르치기에 좋은 선생이 아닙니다. 자신은 영어를 공부한 게 아니라 그냥 어려서 영어 사용 환경에 노출된 덕에 자연스럽게 습득한 것이거든요. 자신은 배우지 않고 절로 익힌 것을 남에게 가르친다는 건 쉽지 않습니다. 뭐든 쉽게 가르쳐주는 게 제일 어렵잖아요. 그래서 자신이 잘 아는 고급 영어를 가르칩니다. 실력 없는 선생이 어려운 문제를 들입다 내고 '왜 이걸 몰라?' 하면서 학생 탓을 하지요. 안타까운 건 배우는 사람도 스크린 영어나 신문 기사의 어려운 표현을 가르쳐주니 비싼 돈을 주고 과외를 받는 보람이 있다고 느낀다는 겁니다.

하지만 아무리 오래 배워도 그렇게 공부해서는 입이 잘 떨어지지 않아요. 결국에 가서는 '아, 역시 영어는 우리 선생님처럼 어려서 외국에 나가 사는 게 최고구나. 나이 들어서 영어 공부를 하기는 어렵구나' 하고 포기하게 됩니다. 고급 영어를 배우기보다 기초 회화를 외워야 하는데 말입니다.

아르헨티나에 혼자 배낭여행 갔을 때 일입니다. 이구아수 폭포 국립공원에 들어서니 지도가 있는데, 가장 중요한 정보를 못 찾겠더라고요. 바로, 내 위치 말입니다. 세상을 아는 것보다 더 중요한 게 세상에서 나의 위치를 아는 것이죠. 그런데 아무리 찾아도 내 위치가 안 나오더군요. 완전 패닉에 빠졌습니다.

그러다 어떤 글자가 눈에 띄었어요. 'Usted Esta Aqui.' 짧은 스페인어지만, 기초 회화 3과까지 외웠거든요.《가장 쉬운 스페인어 첫

걸음의 모든 것》(박기호 지음, 동양문고) 3과에 나오는 문장이 'Como esta usted?'였어요. 영어로 'How are you?'입니다. 가장 기초적인 인사말이죠. esta는 영어의 be 동사, usted는 '당신', aqui는 '여기'라는 뜻이에요. 그렇다면 'Usted Esta Aqui'는 'You are here'라는 의미가 됩니다. 그걸 깨닫는 순간, "찾았다, 내 위치!"라는 말이 절로 나오더군요.

자, 이거면 스페인어로 마음에 드는 상대에게 고백을 할 수도 있겠네요. 마음에 드는 상대가 있으면, 손가락으로 상대를 가리킨 후 가슴을 두드리며 한마디 합니다. 'Usted esta aqui.' 이거 한국 드라마에 나온 대사인데 '너, 여기 있다' 이거죠. 반응이 별로면 얼른 크게 웃으면 됩니다.

이처럼 생소한 외국어라도 기초 회화책을 3과까지만 외우면 언제 어디서나 요긴하게 써먹을 수 있습니다.

명사 10개, 동사 10개, 형용사 10개만 알아도 10×10×10=1000, 즉 1000개의 문장을 말할 수 있습니다. 나, 너, 여기, 저기, 간다, 원한다, 본다, 산다, 좋다, 나쁘다. 10개 단어를 알면 여행 가서 기본 의사소통은 다 됩니다. 가고 싶은 곳이 있으면 지도로 가리키면서 "나 저기 간다", 풍광이 아름다우면 "나 여기 본다, 좋다"라고 하면 되죠. 새로운 언어를 배울 때 문법은 너무 신경 쓰지 않아도 됩니다. 주어 동사 목적어, 순서대로 나열하면 그만이에요.

아르헨티나 엘 찰텐에서 트레킹하던 날, 2만 원짜리 도미토리

(공동 숙소)에서 묵었습니다. 2층 공용 공간 소파에 앉아 책을 읽는데 이런 경고문이 눈에 띄었어요.

'Sorry is not allowed eat here.'

보고 빵 터졌습니다. '미안하지만 여기서 음식을 드시면 안 됩니다'라는 말을 하고 싶었던 것 같긴 한데 문구를 구글 번역기로 돌렸나 봐요. 'Sorry, 'it' is not allowed 'to' eat here'가 맞습니다. 그런데 거기서 it과 to가 빠지니까 'Sorry is not allowed(사과는 용납되지 않는다), eat here(여기서 먹어)'가 되고 말았어요. 의역하자면 '미안해하지 말고, 그냥 여기서 먹어'가 됩니다.

단어만 나열하다 보면 이렇게 전혀 반대의 뜻이 되기도 합니다. 물론 문맥에 따라 대충 이해는 하겠지만, 영어 잘한다는 소리는 듣기 힘들지요. 2015년 당시의 구글 번역기는 아직 아쉬움이 많았지요. 기초 회화에서는 이렇게 to 부정사나 전치사 같은 간단한 단어도 빼먹으면 안 됩니다.

그러니 기초 회화책 한 권, 100퍼센트 외우기로 완벽하게 정복합시다!

어떤 책을
외우면 좋을까

저는 '공짜로 할 수 있는 일을 굳이 돈 들여 하지 말자'가 삶의 모토인 짠돌이입니다. 오죽하면 제가 운영하는 블로그 제목이 '공짜로 즐기는 세상'이겠어요. 제가 방위병으로 근무하던 시절에는 회화책도 많지 않았지만, 교재도 돈 주고 사기보다 공짜로 직접 만드는 방법을 택했지요. 라디오에 나오는 EBS FM 영어 회화를 아침마다 녹음했어요. 그렇게 녹음한 걸 한 문장 한 문장 받아 적으면 나만의 교재가 완성됩니다. 도서관 정기 간행물실을 찾아 일간 신문에 나오는 '오늘의 생활영어'를 노트에 옮겨 적어 외우기도 했습니다.

공부하는 데 교재는 중요하지 않아요. 공부하려는 의지가 중요하지요. 다만 라디오 방송이나 신문 연재를 교재로 삼는다면 목표를 정해놓고 공부하기가 힘들어요. 다람쥐 쳇바퀴처럼 무한 반복

되는 느낌이거든요. 그런 점에서 요즘 저는 한 권의 교재를 정하고, 그 책을 통째로 외우는 편을 선호합니다. 이제 책에 쓰는 돈은 아까워하지 않아요. 그건 소비가 아니라 미래를 위한 투자니까요.

서점에 가서 회화책을 뒤져봤습니다. 예전에 비해 요즘은 좋은 책이 참 많아요. 시중에 나온 영어 회화책을 살펴보니 크게 두 종류로 나뉘더군요. 회화의 패턴을 나열해서 패턴 중심으로 익히자는 쪽과 문법을 체계적으로 공부해서 회화의 틀을 갖추자는 쪽, 다시 말해 쉽게 공부하는 책과 어렵게 공부하는 책, 이렇게요. 둘 다 장점이 있지요. 쉬운 책은 술술 잘 읽히기에 진도 나가기에 좋습니다. 어려운 책은 펴놓고만 있어도 왠지 뿌듯한 기분이 들죠. 그러나 책에 좋은 표현이 얼마나 많이 담겼느냐보다 더 중요한 것은 그 표현을 얼마나 많이 써먹을 수 있느냐입니다.

매일 몇 시간씩 책을 붙잡고 공부하고, 학원에 다니며 강사의 설명을 들을 수 있는 대학생이라면 어려운 책으로 공부하는 것도 괜찮겠지요. 하지만 일과 중 자투리 시간을 내어 공부하는 직장인이나 주부라면 크고 두꺼운 문법책은 공부하다 질려서 금세 포기하기 쉽습니다. 그리고 쉬운 패턴의 회화책은 공부하기는 편한데 암기하기가 쉽지는 않지요.

패턴 회화의 예를 들어보겠습니다.

I didn't mean to~.

~하려는 의도는 없었어요.

I didn't mean to hurt your feelings.

기분 상하게 할 의도는 없었어요.

I didn't mean to delay the project.

프로젝트를 늦출 의도는 없었어요.

I didn't mean to be in your way.

방해할 의도는 없었어요.

패턴 회화에서는 문장을 이렇게 하나하나 따로따로 외워야 합니다. 이렇게 해서 책 한 권을 통째로 외우기는 정말 쉽지 않아요. 이렇게 토막 난 문장보다는 주고받는 대화로 이어지는 상황을 외우는 것이 쉽고 편합니다. 이 책의 부록으로 제가 만든 회화문을 예로 보겠습니다.

A: How's the weather in Korea these days?

B: It's beautiful. It's warm and sunny during the day. How about the UK?

A: Very unpredictable. Classic British weather. You can experience all four seasons in one day!

B: Is that true? I can't believe it.

A: Sunshine in the morning, rain by noon, windy in the

afternoon, and cold again in the evening.

B: Wow, sounds like the weather's got a full-time job!

A: Exactly. People in the UK carry umbrellas like fashion accessories.

B: It's the same in Korea during the rainy season.

A: I'd love to go for a walk under the Korean sunshine right now.

B: Let's just call it a day and go on a picnic!

A: 한국의 요즘 날씨는 어떤가요?

B: 아름답죠. 따뜻하고 화창해요. 영국은 어때요?

A: 변화무쌍하지요. 전형적인 영국 날씨에요. 하루에 사계절을 경험할 수 있지요.

B: 진짜요? 안 믿기는걸요.

A: 아침엔 햇살, 점심엔 비, 오후엔 바람, 저녁엔 또 추워져요.

B: 와, 날씨가 온종일 바쁘네요!

A: 맞아요. 영국 사람들은 우산을 패션 아이템처럼 들고 다녀요.

B: 한국도 장마철엔 그래요.

A: 한국의 햇살 아래서 당장 나가서 산책하고 싶네요.

B: 그냥 지금 수업 마치고 바로 소풍 가요!

이렇게 주어진 상황이 있으면 문장을 외우기가 훨씬 쉽습니다. 집에 있는 회화책이나 아이의 중학교 영어 교과서를 보면 이런 대화 상황이 많습니다. 그걸 외우는 것도 좋은 방법입니다.

의미 단락별로
끊어서 외워라

책 한 권을 외운다고 하면, 처음엔 좀 어렵게 느껴질 수 있습니다. 과제가 어려울 때는 잘게 나누어 공략하는 것도 방법입니다. 책을 외운다고 생각하지 말고, 하루에 문장 몇 개를 반복해서 소리 내어 읽는다고 생각해보세요. 다시 한번 부록에 나오는 문장을 볼게요.

A: What do you do in your free time?

B: I love hiking. It's my favorite hobby.

A: Oh! That's a great and healthy hobby! Where do you usually go hiking?

B: I go anywhere, from nearby hills to famous

mountains. The higher, the better!

A: Wow, that's impressive. I get out of breath just climbing stairs.

B: It's tough at first, but you get used to it. Want to join me sometime?

A: Can we go to a mountain with a cable car?

B: The real charm of hiking is the journey to the top! Sweating, feeling breathless—that's where the thrill is!

A: When I sweat, all I can think is, "Why am I doing this to myself?"

B: Don't be such a baby, come hike with me!

자, 기상 후 30분만 투자하면 사흘에 한 과를 암송할 수 있습니다. 한 번에 다 외워지지 않는다고 걱정할 필요는 없습니다. 한 번에 다 외우는 것보다 오히려 짬짬이 반복하는 게 더 좋습니다. 일과 중 자투리 시간을 활용하기 위해 커닝페이퍼를 만듭니다. 앞의 본문을 쪽지로 만든다면 다음 페이지처럼 영문 순서대로 의미 단락으로 끊어서 한글 단어를 적습니다. 부록에는 여러분의 수고를 덜어드리기 위해 마지막에 이런 한글 힌트만 모아두었어요.

A: 무엇을 하나요, 자유 시간?

B: 하이킹 좋아해요. 제일 좋아하는 취미.

A: 오! 그것 참 멋지고 건강한 취미네요. 어떤 산을 당신은 주로 오르나요?

B: 어디든 가요, 가까운 언덕부터 유명한 산까지. 더 높을수록, 더 좋아요.

A: 와, 대단하네요. 나는 숨이 차요, 계단만 올라도.

B: 처음엔 힘들어도, 익숙해져요. 나랑 같이 갈래요, 언젠가?

A: 가도 되나요, 산으로, 케이블카가 있는.

B: 진짜 매력, 등산, 여정, 꼭대기로 가는. 땀을 흘리고, 숨이 가쁜 것, 거기에 스릴 있지요.

A: 땀이 나면 내가 생각나는 건, '왜 나는 이러고 있지, 나 자신에게?'

B: 그렇게 아기처럼 굴지 말고, 산에 가요, 나랑.

한글 힌트를 보고 영어 문장을 떠올리는 게 암송 공부의 핵심입니다. 이렇게 외우면, 영문 독해할 때도 자연히 영어 어순대로 해석하는 '영어 순해'의 습관이 길러집니다. 영어와 한글의 어순이 반대라고, 문장을 끝에서 거슬러 번역해 버릇하면 원서를 읽을 때 흐름이 자꾸 끊기고, 회화를 할 때도 반응이 느려집니다.

A: What do you do / in your free time?

B: I love hiking. It's my favorite hobby.

A: Oh! That's a great and healthy hobby! Where do you usually go hiking?

B: I go anywhere, / from nearby hills / to famous mountains. The higher, the better!

A: Wow, that's impressive. I get out of breath / just climbing stairs.

B: It's tough at first, / but you get used to it. Want to join me / sometime?

A: Can we go to a mountain / with a cable car?

B: The real charm of hiking / is the journey to the top! Sweating, feeling breathless—that's where the thrill is!

A: When I sweat, / all I can think is, / "Why am I doing this to myself?"

B: Don't be such a baby, / come hike with me!

이렇게 영어 문장을 외울 때, 의미 단락별로 끊어서 외우면 다음처럼 실전 회화에서 다양한 방식으로 조합이 가능합니다.

What did you do / over the weekend?

What kinds of shows / do you usually watch?

I enjoy all kinds of shows / from romantic comedies / to thrillers.

When I go hiking, / all I can think about is, / "When are we going home?"

의미 단락별로 나눈 한글 단어를 보고 영어 문장을 떠올리는 게 암송 학습의 핵심입니다. 30과를 다 외우면 자연히 머릿속에 영어의 구조가 들어서고, 어떤 상황에서든 쉽게 말을 꺼낼 수 있습니다.

영어 잘하는 척하는 비결

"영어 잘하는 비결이 뭐예요?"라고 누가 물어보면, 저는 "영어 잘하는 척하면 됩니다"라고 말합니다. 영어는 잘하는 것보다 잘하는 척하는 게 더 중요합니다. 영어에 대한 자신감을 키우는 여섯 가지 비결을 알려드릴게요.

첫째, 영어는 탁구다

영어는 학문이 아니라 의사소통의 도구입니다. 완벽할 필요도 없고, 정확할 이유도 없습니다. 공을 못 치면 못 치는 대로 주고받는 탁구와 같아요. 탁구는 누구나 할 수 있습니다. 그냥 내 실력에 맞게 공을 보내면 됩니다. 상대가 고수라면, 내가 받아치기 좋게 공을 살살 보내줍니다. 내가 초짜인데도 상대편에서 스핀 먹이고 스매싱을 한다? 같이 공놀이 못할 사람입니다. 기초 회화로 말을 걸었는데 상대방이 온갖 어려운 말로 내 혼을 쏙 빼놓는다? 같이 말 섞지 못할 사람입니다. 그냥 고이 보내세요. 대부분 원어민은 상대방을 배려해서 대화를 받아줍니다. 그러니 짧은 영어 걱정 말고, 쉬운 말로 대화를 시도하세요.

둘째, 콩글리시도 영어다

입만 열면 콩글리시가 튀어나오니까 영어로 말하기가 겁난다는 분이 있어요. 하지만 콩글리시가 안 되면 잉글리시도 못 합니다. 문법 신경 끄고, 발음 신경 끄고, 무조건 콩글리시로 시작하세요. 콩글리시로도 의사소통은 됩니다. 완성된 문장만 던지려고 입 꾹 다물고 있는 사람은 영어가 늘지 않아요. 완벽한 문장만 말하려다 보면 타이밍 놓치고 연습할 기회도 놓치거든요. 아는 단어만 몇 개 던져 줘도 말은 통합니다. 좋은 상대는 그 단어를 받아서 문장을 만들어 돌려줘요. "너 이렇게 말하려고 했던 거지?"라면서요. 입 꾹 다물고 있으면 상대가 죽어도 눈치채지 못합니다. 걱정 말고 엉터리 영어라도 해보세요. 콩글리시로 시작해야 잉글리시의 길이 열립니다.

셋째, 된장 발음도 영어다

제가 영어를 하면 주위에서 그럽니다. "명색이 통역사인데 왠지 영어 발음은 좀…?" 경상도 출신인 저는 영어를 할 때도 경상도 억양이 묻어나옵니다. 그래서 발음이 별로라는 소리를 듣는데, 별로 신경 쓰지 않습니다.

중요한 건 발음이 아니라 말하는 내용입니다. 미국인이 영어 제아무리 잘해봤자 영국 사람한테는 미국식 영어고, 영국인이 아무리 유창하게 말해도 미국 사람한테는 영국식 영어입니다. 이제 영어는 국제 공용어이기에 나라별로 억양이 있는 겁니다. 한국인이 한국식 영어를 하는 건 당연한 일입니다. 대신 모국어인 한국어는 어떤 외국 사람보다 유창하게 하잖아요? 영어는 어디까지나 외국어니까 좀 못하면 또 어때요. 서툴러도 한국말 쓰는 외국 사람 멋있잖아요. 마찬가지로 영어를 쓰려고 노력하는 모습이 멋있는 겁니다. 자부심을 가지면 된장 발음도 스타일이 됩니다.

넷째, 리액션도 영어다

영어 회화 수업에 가보면 심각한 표정으로 강사가 하는 말을 열심히 받아 적는 사람이 있고, 그냥 편하게 팔짱 끼고 앉아 다 알아듣는 척 연신 고개 끄덕이며 "아하, 아하!" 반응해주는 사람이 있습니다. 둘 중 회화가 빨리 느는 쪽은 후자입니다. 못 알아듣는 얘기라도 그냥 웃어 주고 고개를 연신 주억거려야 합니다. 그러면 상대가 나의 리액션에 반응하고 한 번이라도 더 말을 걸어오거든요. 심각한 표정으로 인상 쓰고 있으면 말 걸기 쉽지 않아요.

상대의 말보다 표정을 읽어야 합니다. 재미있는 얘기를 하는 건지 심각한 얘기를 하는 건지, 표정을 보면 알 수 있어요. 원어민들은 영어를 할 때 표정이나 동작이 풍부합니다. 그걸 흉내 내고 다양한 반응을 보여주세요. 적절한 타이밍에 어깨 으쓱여주고, 웃어 주고, "Uh, oh"만 해도 영어 무척 잘하는 것처럼 보입니다. 웃음소리, 표정, 보디랭귀지 등 이것도 다 언어이고 영어입니다. 미팅해도 리액션 좋은 사람이 인기가 많듯이 회화도 마찬가지입니다. 리액션 좋은 사람이 회화의 달인이 됩니다.

다섯째, 문장 전체가 들리지 않아도 괜찮다

회화 청취는 어렵습니다. 상대의 말을 듣다가 순간 모르는 단어가 나와, '응, 그게 뭐더라?' 하다 보면 멍해집니다. 내가 당황한 표정을 지으면 상대도 놀라지요. 예를 들어 "What do you do for a living?"라고 물었을 때 "I used to work in accounting at a company, but I've quit now."라고 답했어요. 생각보다 긴 대답에 당황스럽습니다. 이럴 때 맨 첫 두 단어에 집중해요. 'I used to…'라고 했으니, 주어와 동사를 뒤집어서 되묻습니다. "Oh, you did?" 상대가 "I was an accountant at an investment bank."라고 말해도 뒤의 복잡한 단어를 굳이 반복할 필요는 없습니다. 'I was', be 동사가 나왔으니까 be 동사로 "Oh, you were?" 이렇게만 해도 대화의 흐름은 이어갑니다. 그냥 눈만 굴리지 말고 이 정도만 간단히 대답해도 자연스럽게 대화가 이어집니다.

여섯째, 보디랭귀지도 의사소통이다

아프리카에 가서도 참 꾸준히 한국말로 의사소통을 하는 선배가 있었어요.

"어차피 그 사람도 영어 못하고 나도 영어 못하는데, 서로 못하는 영어로 스트레스받을 거 뭐 있나. 웃으면서 우리말로 하면 저도 웃으면서 스와힐리어로 대꾸하겠지."

신기한 것은 그렇게 해도 뜻이 통한다는 거예요. 의사소통의 시작은 손짓 발짓이요, 최후의 방편 역시 손짓 발짓입니다. 보디랭귀지의 힘을 믿고 자신 있게 덤벼보세요.

영어, 잘하는 것보다 더 중요한 것은 '잘하는 척!'을 하는 것입니다.

3장
짬짬이 시간도
내 편으로
만들어라

> Your time is limited, so don't waste it living someone else's life. Don't be trapped by dogma - which is living with the results of other people's thinking. Don't let the noise of others' opinions drown out your own inner voice. And most important, have the courage to follow your heart and intuition.
>
> - Steve Jobs

오직
시간으로만
살 수 있는 것들 ───

    2015년 남미 배낭여행 갔을 때 일입니다. 이구아수에서 엘 칼라파테로 가는 비행기에서 책을 읽고 있는데, 옆자리에 앉은 멕시코 사람이 한글에 대해 묻더군요. 글자 하나하나가 다 별개의 알파벳이냐고. 자음과 모음을 상하좌우로 결합하면서 레고블록처럼 글자를 조립한다고 설명했더니 무척 신기해했습니다. 한국에 관심이 많아 의외였는데, 어린 시절 동네에서 태권도 도장을 다녔답니다. '아, 이게 민간 외교의 힘이구나.' 몇 시간 동안 즐겁게 수다를 떨었습니다. 척추 전문의인 그가 예전에 만난 환자 이야기를 들려줬어요.

    어떤 할머니가 오셨는데 척수에 암이 전이되어 손을 쓸 수 없는 지경이었답니다. 의사로서 자신이 할 수 있는 일이 없으니 그냥 평소 자신이 좋아하는 일을 하고 사시라고 했답니다. 책을 좋아하면 책을 읽고, 사람을 좋아하면 사람을 만나고, 여행을 좋아하면 여행을 다니며 남은 생을 즐기시라고. 그랬더니 환자의 아들이 "할 수 있는 게 없다니, 당신이 실력이 없는 거겠지!"라며 분통을 터뜨렸다고 해요.

돈 많은 아들은 어머니를 모시고 이 병원 저 병원에 다니며 치료해주겠다는 의사를 찾았습니다. 그는 돈이 얼마가 들든 치료하겠다고 말하고 다니면, 낫게 해준다는 의사를 만날 수 있다고 생각했습니다. 실제로 어떤 의사를 만나 방사능 치료, 약물치료, 수술까지 다 했어요. 그런데 6개월이 지나 아들이 다시 찾아왔어요. 돈은 돈대로 들고 어머니는 병원에서 온갖 고생을 했지만 나아지질 않는다고, 어떻게 해야 하냐고. 의사는 다시 말했습니다.

"의사로서 할 수 있는 게 없습니다. 그냥 남은 시간 즐겁게 살다 가시게 해주세요."

그러자 아들이 눈물을 흘리며 말했답니다.

"어떻게 할 수 있는 게 아무것도 없다고 말합니까. 의사라면 뭐라도 해야 하는 거 아닙니까?"

의사는 담담히 고개를 저었답니다.

"돈으로 해결할 수 없는 경우도 있습니다. 그냥 남은 시간을 즐기게 해주세요."

많은 사람이 돈으로 무엇이든 해결하려고 하는데, 사실 생의 마지막에는 자신이 소유한 돈보다 자신이 즐겼던 추억만 남는답니다. 그래서 그 의사는 매년 여행을 다닌다고 했어요.

2015년 봄 〈여왕의 꽃〉이라는 드라마의 야외 연출로 일하면서 연일 밤을 새웠더니 체력이 떨어져 심한 몸살이 왔습니다. 영양제 주사라도 맞으려고 병원을 찾았는데, 간호사가 그러더군요.

"이렇게 비싼 주사를 맞지 마시고 평소에 숙면을 취하고 운동을 하세요. 건강에는 그게 더 중요합니다."

우린 돈으로 모든 것을 사는 데 너무 익숙해져 있어요. 건강도, 외모도, 행복도 다 돈으로 살 수 있다고 생각하지요. 사실 이 모든 것은 돈으로 살 수 없어요. 오로지 시간으로만 살 수 있습니다. 영어 공부도 마찬가지입니다. 비싼 돈을 들여야 영어를 배울 수 있는 건 아닙니다. 돈보다 더 중요한 것이 바로 시간입니다.

시간 관리로
내 인생을
지배하자

영어 공부를 하려고 해도 시간을 내기가 쉽지 않습니다. 특히 직장인에게 영어 공부의 관건은 공부할 시간을 만드는 것이지요. 시간을 만드는 법도 저는 책에서 배웠습니다. 《시간을 정복한 남자 류비셰프》(다닐 알렉산드로비치 그라닌 지음, 이상원 조금선 옮김, 황소자리)라는 책을 읽은 건 대학생 때의 일입니다. 러시아 과학자 류비셰프는 시간의 활용을 극대화하기 위해 자기만의 시간 통계법을 만들었어요. 그에게는 매일 24시간이 입금됩니다. 그는 그 시간을 어떻게 썼는지 가계부에 지출 내역 적듯이 하나하나 기록합니다.

7시 기상, 등교 준비 30분, 밥 먹는 시간 20분, 등교 20분
수업 2시간, 점심 1시간, 독서 1시간

이렇게 기록한 시간을 자기 전에 정산해봅니다. 하루 24시간 중 공부나 일 등 생산적인 일에 쓴 시간을 수입으로 계산하고, 나머지 시간은 지출로 계산합니다. 그렇게 계산해보니 하루 24시간 중 저도 모르게 버려지는 시간이 너무 많았어요. 시간을 100퍼센트 활용할 수만 있어도 인생이 바뀔 텐데!

시간의 손익계산서에서 지출로 표시되는 항목을 수입으로 바꾸는 노력을 시작했습니다. 이를테면 평소에 음악을 들으면서 학교에 가던 것을 그 시간에 회화 문장을 외우면서 갑니다. 그러면 등교 시간 30분이 영어 공부 시간 30분으로 바뀝니다. 저녁 먹고 하숙생들과 TV 야구 중계 보면서 놀던 시간에 미국 시트콤을 보았어요. TV 시청 1시간이 영어 청취 1시간으로 바뀌지요.

저는 어려서부터 공상을 즐기는 게 취미였어요. 아이맥스니 홈시어터니 하지만, 최고의 영화는 내 머릿속에서 펼쳐지는 상상입니다. 대학 시절, 전공 수업이 너무나 지루했어요. 그래서 강의 시간에 멍하니 칠판을 보며 세계 일주를 떠나는 제 모습을 상상하거나, 짝사랑하는 여학생과 사랑을 나누는 망상을 하며 시간을 때웠어요.

《습관의 힘》(찰스 두히그 지음, 강주헌 옮김, 갤리온)이라는 책을 보면 습관은 시작 신호, 반복 행동, 보상 효과 이 세 가지 패턴으로 이루어져 있다고 합니다. 저자인 찰스 두히그는 사무실에서 일하다 오후 3시만 되면 1층 카페로 내려가 초코칩 쿠키를 사 먹는 버릇이 있었답니다. 자신의 버릇을 분석해보니 세 가지 패턴이 발견됐어요. 첫째, 3시가 되면 집중력이 떨어져 휴식을 갈망한다(시작 신호). 둘째, 카페에 내려가 동료와 초코칩 쿠키를 먹으며 수다를 떤다(반복 행동). 셋째, 즐거운 기분으로 전환되어 새롭게 작업에 몰두할 수 있게 된다(보상 효과).

일하다 생산성을 높이기 위해 잠시 쉬는 건 좋은데 초코칩 쿠키에 중독되다 보니 몸무게가 자꾸 늘었다는군요. 나쁜 버릇을 고치려면 이 세 가지 패턴 중에서 두 번째인 반복 행동을 바꿔주어야 합니다. 이때 시작 신호와 보상 효과는 같아야 합니다. 저자는 두 번째 반복 행동을 다른 패턴으로 바꾸었어요. 3시에 카페로 내려가는 대신 사무실 내 동료에게 다가가 물 한 잔 마시며 수다를 떨었죠. 그랬더니 보상 효과에는 큰 차이가 없이 새로운 습관을 들일 수 있었답니다.

대학교 수업 시간에 망상을 즐기는 저의 버릇을 분석하면, 강의가 지루하다는 시작 신호가 나타나고 그때마다 망상에 빠져드는 반복 행동을 하지요. 그러다 보면 우울한 현실에서 벗어나 재미있는 이야기를 즐기는 보상 효과를 얻곤 했어요. 저는 반복 행동을 망상 대신 독서로 바꿔보았습니다. 강의가 지루하면 뒷자리에 앉아 페이퍼백 영어 원서를 읽었습니다. 그 결과 우울한 현실에서 벗어나 재미있는 이야기를 즐길 수 있다는 보상 효과를 얻었지요. 시작 행동과 보상 효과는 똑같고 반복 행동을 바꿔준 것만으로 좋은 습관을 들일 수 있었어요.

  나쁜 버릇을 없애기란 쉽지 않죠. 나쁜 버릇을 없애는 방법은 좋은 버릇을 새로 들이는 겁니다. 습관은 습관으로 고쳐야 합니다. 영어를 공부하기로 마음먹었다면 첫째, 버리는 자투리 시간을 영어 공부하는 시간으로 바꾸고, 둘째, 저녁에 일찍 잠드는 습관을 들여 아침에 집중해서 학습하는 시간을 만들어야 합니다. 결국 둘 다 습관의 문제이지요.

  진로 특강을 나가 학생들을 만나면 취업에 성공하기 위해서는 개인의 역량을 키우는 것이 중요하다고 말합니다. 역량이란 지식, 기술, 태도 이 세 가지의 합이지요. 지식은 학교에서 배우고 기술은 일하며 익히지만, 정작 가장 중요한 태도는 어디에서도 가르쳐주지 않지요. 태도는 몸에 밴 습관이 밖으로 저절로 드러나는 것입니다. 좋은 습관을 만들면 인생을 사는 태도가 바뀌고, 태도가 달라지면 인생도 변합니다. 인생을 바꾸는 것은 결국, 나의 습관입니다.

하루에 세 번,
시간을 버는
습관

삶에서 돈보다 더 소중한 것은 시간입니다. 우리는 시간을 팔아 돈을 만들거든요. 건강, 사랑, 행복 등 많은 것을 돈이 아니라 시간으로 살 수 있습니다. 시간을 버는 방법 중 하나는 휴대전화를 끄는 일입니다. 더 정확하게는 휴대전화를 '비행기 탑승 모드'로 변경하는 것입니다.

1. 밤에 잘 때는 꼭 휴대전화를 끈다

휴대전화를 비행기 탑승 모드로 변경하면, 시계나 알람은 작동하면서 전화나 메시지, 페이스북, 트위터 등은 꺼집니다. 그러면 전화의 방해를 받지 않고 숙면을 취할 수 있습니다. 잠을 잘 자면 새벽에 일찍 일어나게 됩니다. 알람을 맞추지 않고도 오전 5시면 저절로 눈이 떠집니다. 그 결과 누구에게도 방해받지 않는 나만의 소중한 시간이 생깁니다.

2. 낮에 잠깐씩 휴대전화를 끄고 휴식을 취한다

드라마 촬영을 하다가도 짬이 나면 낮에 꼭 눈을 붙입니다. 생산성을 높이는 가장 좋은 방법은 짧은 시간 양질의 휴식을 취하는 일입니다. 이때도 휴식을 방해받지 않도록 전화기는 비행기 탑승 모드로 바꿔둡니다.

3. 퇴근하면 잠시 휴대전화를 끄고 집중 모드를 만든다

퇴근 후 책을 읽든, 영화를 보든, 그 밖에 무엇을 하든 휴대전화를 끄고 한 가지에 집중하는 게 좋습니다. 그래야 취미 생활도 제대로 즐길 수 있습니다. 시간을 정해놓고 가끔 문자나 부재중 전화만 확인합니다.

　직장인은 휴대전화를 끄기가 쉽지 않습니다. 휴대전화가 꺼지면 큰일 날 것처럼 생각하는 사람이 많아요. 하지만 그렇지 않습니다. 밤사이 자는 동안, 낮에 30분 동안, 혹은 퇴근 후 1시간 동안 일어날 큰일은 없습니다. 휴대전화만 꺼두어도 집중할 수 있는 시간이 늘어납니다. 그 시간을 온전히 나를 위해 사용할 수 있어요. 이를 테면 집중해서 영어 공부를 하는 겁니다. 처음에 휴대전화를 꺼놓았을 때는 불안감이 컸는데요, 지나고 보니 불안도 습관이더라고요. 더군다나 내가 익숙해질 무렵엔 나를 아는 사람들도 익숙해져서 딱히 불평하는 이도 없고요. 하루에 한 시간, 휴대전화를 끄는 것만으로도 아주 귀한 시간을 확보할 수 있습니다.

한 권
외우는 비결은
자투리 시간 ───

요즘도 저는 일본어나 중국어를 공부합니다. 초급 회화책 한 권만 외우면, 어떤 언어라도 술술 말할 수 있으니까요. 나이 마흔 넘어서 새로운 외국어를 공부한다고 하니까, 한창 일할 때에 어떻게 그게 가능하냐고 묻는 분이 있었어요. 시간 활용에 대해 예전에 제 블로그에 썼던 글이 있습니다.

내가 만약 슈퍼 히어로가 된다면, 지구를 구하기 위해 내가 가장 원하는 힘은 무엇일까?

내가 가장 소망하는 능력은 나의 삶을 지배하는 능력이다. 세상을 바꾸는 힘은 원하지 않는다. 나의 작은 생활 습관 하나 바꾸기도 쉽지 않은데, 어찌 감히 세상을 바꾸랴… 세계 평화도 내게 있어 너무 먼 목표다. 마음의 평화, 그 하나를 얻기도 지난한 일이거늘.

나의 목표는 세계 정복이 아니라 인생 정복이다. 인생을 최대한으로 활용해, 하고 싶은 일 다 해보는 게 나의 꿈이다. 그러기 위해 내게 필요한 능력? 그건 바로 시간을 지배하는 능력이다.

세상, 불공평하다고 하지만 공평한 게 딱 하나 있다. 그건 시간이다. 시간은 누구에게나 똑같이 하루 24시간 주어진다. 부자에게나, 가난한 이에게나. 물론 부자는 돈을 주고 시간을 살 수 있고, 가난한 이는 시간을 팔아 돈을 벌어야 하니 불공평하다고 말할 수도 있다. 그러나 24시간을 어떻게 활용하는가에 따라 부자가 되기도 하고 가난하게 되기도 하니, 역시 시간은 공평한 자원이다. 사실 인생에서 가장 소중한 자원은 돈보다 시간이다.

내 삶을 지배하기 위해서는 자투리 시간을 잘 활용해야 합니다. 내가 자유로이 쓸 수 있는 시간은 의외로 많지 않아요. 일하는 시간, 가족과 함께하는 시간, 친구를 만나는 시간 등 늘 바쁘지요. 그래서 자투리 시간을 찾아내 나만의 자유 시간으로 활용하는 게 중요합니다.

동양문고에서 나온 《가장 쉬운 중국어 첫걸음의 모든 것》의 부록 뒤표지에 이렇게 적혀 있어요. "자투리 시간 활용 능력이 회화 공부의 경쟁력!" 참으로 지당하신 말씀입니다. 외국어는 주말 하루 날 잡아 종일 공부한다고 느는 게 아니에요. 오히려 매일매일 조금씩 일정한 시간을 내어 연습해야 늡니다. 왜? 언어는 이해하는 학문이 아니라 반복으로 익혀지는 습관이니까요.

　사람이 한 가지 일에 집중할 수 있는 시간이 10분에서 최대 25분 사이라지요. 25분을 넘어가면 어차피 효율이 떨어지니 20분씩만 공부하세요. 자투리 시간만 모아도 하루에 1시간, 석 달이면 100시간이지요. 그 시간을 투자하면 책 한 권을 외우게 됩니다. 직장인이 놓치지 말아야 할 자투리 시간을 소개합니다.

1. 기상 후 20분

아침 시간 출근 전 20분 동안 교재를 보며 한 과씩 공부합니다. 아침에 조금 일찍 일어나면 소중한 집중 학습 시간을 확보할 수 있습니다. 직장 업무가 시작되기 전, 아이들이 일어나기 전, 그 누구에게도 방해받지 않는 시간입니다. 회화책을 공부할 때는 단어 설명, 문법 설명, 예시 등은 읽기만 하고 회화 본문에 집중합니다. 시험을 보는 게 목적이 아니니 굳이 문법이나 단어에 스트레스받을 필요 없어요. 본문 회화를 반복해서 소리 내어 읽어봅니다.

2. 지하철 출근 시간 20분

뜻이 이해되지 않으면 문장을 외우기가 어렵습니다. 처음 접한 언어를 책만 읽어 이해하기 어렵다면, 출퇴근 시간에 휴대전화로 유튜브 동영상 강의를 보거나 영어 교재에서 제공하는 원어민 회화를 듣는 것도 도움이 됩니다. 길고 지루한 통근 시간이 유익한 외국어 학습 시간으로 바뀌는 건 덤이고요.

- 아침에 일어나 정해진 영어 학습 시간에 책을 펼쳐 그날 공부할 단원을 소리 내어 읽습니다. 발음에 자신이 없다면 원어민 회화를 틀어놓고 따라 해봅니다.
- 교재 학습이 끝나면 그날 공부한 내용을 휴대전화 카메라로 찍어둡니다. 페이지 전체를 한 번, 한글 번역 부분만 따로 한 번, 이렇게 두 번에 나눠서 찍습니다.
- 지하철 안이나 휴게실에서 자투리 시간에 휴대전화 사진의 한글 번역을 보고 영어 본문을 떠올려봅니다. 그게 힘들면 전체 화면을 보고 몇 번 읽어보고, 다시 한글만 보고 문장을 외웁니다. 요즘은 책이 없어도 휴대전화를 이용해 언제 어디서나 영어 공부를 할 수 있어요.

3. 걷는 시간 10분

지하철에서 내려 회사까지 걸어가는 동안 이어폰을 끼고 그날의 회화를 반복 청취하며 소리 내어 원어민 회화를 따라 합니다. 누가 보면 외국인과 전화 통화하는 것처럼 시치미 뚝 떼고요.

4. 자기 전 10분

잠들기 전 마지막으로 그날 외운 분량을 확인해봅니다. 하루에 한 과를 다 외우기 전에는 잠들지 않겠다는 각오를 세워보세요. 일찍 잠자리에 들기 위해서라도 낮 동안 더 부지런히 외우게 될지 몰라요.

벼락치기보다는 짬짬이 공부가 낫다

　퇴근하고 하루 3시간밖에 공부할 수 없는 방위병 시절에 어떻게 영어가 그렇게 늘었을까? 그 이유를 《어떻게 공부할 것인가》(헨리 뢰디거, 마크 맥대니얼, 피터 브라운 지음, 김아영 옮김, 와이즈베리)라는 책에서 찾았습니다. 이 책의 부제는 '최신 인지심리학이 밝혀낸 성공적인 학습의 과학'입니다. 말 그대로 공부를 더 잘하는 방법을 알려줍니다. 인지심리학은 정신의 작용 방식을 이해하는 기초과학으로 인지, 기억, 사고방식에 대해 실증적으로 연구하는 학문입니다.

　책 표지에는 "대부분 사람들은 잘못된 방식으로 배우고 있다"라는 문구가 있습니다. 하루 10시간씩 앉아서 책을 반복해서 읽고 계속 외우는 것이 성적을 올리는 길이라고 생각하지만, 그건 잘못된 방식이랍니다. 학생들의 학습 태도를 관찰해보면 대부분 머릿속에 '정보를 넣는 일(input)'에 집중하는데, 기억력의 본질은 그것이 아니라 저장된 '정보를 찾는 일(retrieval)'의 반복에 있답니다.

방위병 시절, 저는 야간 교대 근무를 하며 하루 12시간씩 전화 교환대 앞을 지켰습니다. 밤에는 전화가 거의 오지 않아요. 멍하니 앉아서 스위치보드를 보는 게 일이었지요. 근무 중에 책을 펼쳐놓고 공부할 수도 없고, 하도 심심해서 출근 전에 외운 영어 문장을 기억에서 불러내 혼자 소리 내어 외웠습니다. 기억이 안 날 때를 대비해 손바닥으로 가릴 만한 조그만 쪽지에 영어 키워드와 한글 키워드를 적어뒀어요. 처음엔 영어 키워드를 보고 문장을 떠올리다가 익숙해지면 한글 키워드를 보며 영어를 기억에서 인출했습니다. 나중에는 첫 단어만 봐도 한 과의 전체 문장이 술술 흘러나왔어요.

하루에 10문장씩 외우는 건 일도 아니더군요. 꾸준히 계속하니 한 달에 300문장, 1년에 3600개 문장을 외울 수 있었는데 실제로는 더 많이 외웠어요. 뒤로 갈수록 더 잘 외워졌거든요. 앞에서 외워둔 영어 문장들이 쌓이니까 새로 외우기가 쉬워졌어요. 책에는 그 시절 영어책 외우기가 쉬웠던 이유가 상세히 설명되어 있었습니다. 이제 공부를 잘하기 위한 세 가지 비결을 정리해보겠습니다.

1. 인출 연습

어떤 책을 읽을 때 한 번에 여러 번 읽기보다 한 번 본 다음 기억에서 꺼내 보는 연습을 하는 것이 좋습니다. 영어 문장을 눈으로만 보지 말고 눈을 감거나 다른 곳을 보면서 외워보는 거지요. 셀프 쪽지시험을 치면서 외운 것을 확인하는 과정은 장기 기억에도 유리하고, 모르는 것을 확인할 수 있어 효율적인 공부가 되게 해줍니다. 책을 보고 계속 읽으면 다 아는 것 같지만, 눈을 감고 문장을 외워보면 기억이 나지 않는 문장이 뭔지 알 수 있거든요. 그 문장만 집중해서 다시 외울 수 있습니다.

2. 시간 간격을 두고 복습하기

페인트칠로 깔끔한 벽을 유지하는 방법을 생각해보죠. 한 번에 아무리 여러 번 덧칠해도 시간이 가면 조금씩 바랩니다. 한꺼번에 여러 번 칠하는 것보다, 한 번 칠한 후 시간이 지나고 색이 어느 정도 바랠 때 그때마다 덧칠합니다. 그러면 깨끗한 상태를 오래 보존할 수 있지요. 학습 내용을 기억하는 것도 마찬가지입니다. 한 번에 오랫동안 외우는 것보다 잠깐 외운 후 잊어버릴 때쯤 다시 외우고, 시간을 두고 자꾸 반복하는 것이 기억을 오래 지속하는 비결입니다.

3. 교차 연습

이미 갖고 있는 선행 정보가 풍부할수록 새로운 정보는 더 잘 기억됩니다. 기억은 이전의 다양한 정보와 연결되는 방식으로 저장되고 인출되기 때문입니다. 회화책을 외울 때 갈수록 누적된 문장이 많아지고 수준도 올라가서 외우기가 힘들 것 같지만, 의외로 더 쉬워집니다. 기존에 머릿속에 들어 있는 표현들이 새로운 문장들과 연결되면서 맥락이 만들어지거든요.

벼락치기 공부는 단기 기억에는 용이할지 몰라도(시험 전날 공부해서 성적 올리는 정도만 유효) 장기 기억에는 도움이 되지 않는답니다. 벼락치기가 수능에 안 통하는 이유가 이것이죠. 범위가 너무 방대하고 말 그대로 수학 능력을 평가하기에 단기 기억 승부가 아닙니다. 우리가 언어를 배우는 것은 당장 내일 있을 시험을 준비하는 게 아니에요. 언젠가 영어를 써먹을 때를 대비하는 거지요. 단기 기억을 위한 벼락치기 공부로는 영어 실력이 늘지 않습니다. 장기 기억으로 보존되어야 언제 어디서든 자유자재로 영어가 흘러나옵니다. 자전거 타기나 악기 배우기처럼 반복 연습으로 익혀진 장기 기억은 언제 어디서나 인출할 수 있습니다.

저는 몰랐지만, 방위병 생활이 영어 공부를 위한 최적의 환경이었던 겁니다. 학교 도서관에 앉아 집중해서 입력하는 것보다 일하는 짬짬이 인출을 반복하는 것이 더 효과적이었던 거지요. 이것은 직장인들에게 반가운 소식입니다. 일하는 짬짬이 공부하고, 조금씩 틈날 때마다 간격을 두고 복습하며, 그동안 배운 사전 지식이 선행 정보로 기능할 수 있다는 얘기니까요. 대학생 시절보다 영어 공부에서 더 뛰어난 효과를 볼 수 있다는 의미죠.

뽀모도로 기법을
활용한
영어 집중 시간 ──

《부자가 되는 정리의 힘》(윤선현 지음, 위즈덤하우스)을 보면, 시간 관리 기술 중 뽀모도로 기법이라는 게 나옵니다. 타이머를 이용해서 25분을 세팅하고 그 시간 동안만큼은 다른 어떤 일이 생겨도 방해받지 않고 한 가지에만 몰두하는 시간 관리 테크닉입니다. 프란체스코 시릴로라는 사람이 대학생 시절 토마토 모양으로 생긴 파스타 요리용 타이머를 이용해 시간을 관리했다는 데서 이름이 유래했다고 합니다. '뽀모도로(pomodoro)'는 이탈리아어로 '토마토'라는 뜻이거든요.

한 시간을 앉아 있어도 그 시간 내내 일이나 공부에 집중하지는 못하지요. 휴대전화로 이런저런 메시지가 뜨고, SNS 알람도 울리고, 눈은 컴퓨터를 보고 있지만 머리는 멍하니 별나라로 가기도 하고 그럽니다. 사람이 한 가지 일에 집중할 수 있는 최대 시간이 25분까지라는데요, 그렇다면 시간 활용의 효율성을 높이기 위해서는 25분까지 딱 한 가지 일만 하는 겁니다.

뽀모도로 파스타를 요리할 때 흔히 타이머를 맞춰두지요. 파스타 조리에서 중요한 것은 시간입니다. 너무 오래 끓여 퍼져도 안 되고, 너무 빨리 꺼서 면발이 설익어도 안 되니까요. 마찬가지로 업무에서도 시간 관리가 중요합니다. 너무 자주 쉬면 일에 속도가 붙지 않고, 너무 오래 일하면 능률이 떨어지거든요. 한 번에 집중할 수 있는 한계라는 25분을 시간의 기준으로 삼습니다. 시계 알람을 25분 뒤로 맞추고, 일이나 공부를 시작합니다. 이때 알람이 울리기 전까지는 어떤 일이 있어도 하던 일을 멈추면 안 됩니다. 25분 뒤 벨이 울리면 멈추고, 5분간 완전한 휴식을 취하며 긴장을 풉니다.

뽀모도로 기법을 일과에 적용할 때는 업무를 25분 단위로 쪼갭니다. 25분의 시간 단위를 1뽀모도로라고 부르고, 통상 2시간이 걸리는 일이라면 4뽀모도로를 배정합니다. 25분 일하고 5분 쉬는 식으로 4회 반복하면 업무가 끝나는 겁니다. 4회 반복 후에는 20분 이상 긴 휴식을 취합니다. 휴대전화 문자를 확인하거나 SNS를 보면서 쉬는 거죠. 이게 뽀모도로식 시간 관리법입니다.

직장인이라면 근무 시간에 뽀모도로 기법을 적용하기는 쉽지 않습니다. 상사가 갑자기 부르거나 업무 관련 카톡 문의가 오는데

무시할 수는 없잖아요? 대신, 직장인이 자투리 시간을 활용하여 어학 공부를 하는 데에는 적격이라고 생각합니다. 어학 공부에서 중요한 것은 모드 전환입니다. 영어로 생각하는 모드로 바꾸는 거지요. 한창 영어 문장을 외우고 있는데 갑자기 메시지가 와서 그걸 들여다보거나 이메일을 확인하다 보면 집중 모드가 끊깁니다. 그래서 저는 아무도 방해하지 않을 시간을 만들기 위해 뽀모도로 기법을 권합니다. 퇴근 후 20분이나 기상 후 20분이 이 기법을 활용하기에 가장 이상적인 시간입니다.

영어 공부에 뽀모도로 기법을 활용하려면, 먼저 휴대전화를 비행기 탑승 모드로 바꿉니다. 그러면 문자나 SNS 알람이 꺼집니다. 휴대전화 알람 기능을 이용해 25분 뒤 진동이 울리도록 맞추고 영어 문장 암송에 집중합니다. 25분 동안 집중해서 얻은 성과는 휴대전화나 노트에 기록해둡니다(저는 20분을 기준으로 합니다).

　　3월 2일 영어 회화 17과 본문 암송
　　3월 3일 영어 회화 18과 교재 학습
　　3월 4일 영어 회화 18과 본문 암송

매일 휴대전화 일정에 알람을 반복 설정해두면 같은 시간에 정기적으로 공부할 수 있어요. 기록을 계속하다 보면 날짜가 중간에 이 빠지듯 빠지는 게 싫어서라도 매일매일 꼬박꼬박 공부하게 됩니다. 이게 바로 시간을 버는 습관이자 시간을 모으는 방법이지요.

하루 한 번 이상 뽀모도로로 영어 공부에 집중하는 시간을 자신에게 선물해보세요.

6개월 만에 외국어를 마스터하는 방법

웹진 〈ㅍㅍㅅㅅ〉의 어느 블로그에서 소개한 〈TED〉 강의에 따르면 6개월이면 누구나 외국어를 배울 수 있다고 합니다. 진짜 가능할까요? 강의 원본이 궁금하면 QR코드를 찍어 직접 들어보세요.

이 강의의 주인공 크리스 론즈데일에 따르면 외국어 학습에 대한 두 가지 잘못된 생각이 있습니다.

첫째, 재능이 필요하다는 생각이지요. 재능은 필요 없습니다. 방법만 알면 누구나 잘할 수 있어요.

둘째, 언어는 그 언어를 쓰는 나라에 가야 쉽게 배울 수 있다는 생각입니다. 홍콩에서 수십 년을 산 영국인도 중국어는 전혀 못합니다. 그 언어를 쓰는 환경에 가면 가만히 있어도 언어가 된다는 건 착각입니다. 즉 어떤 곳에 있든, 공부 방법만 알면 6개월 안에 외국어로 말할 수 있어요.

연사가 소개하는 외국어 학습을 위한 다섯 가지 원칙이 있습니다.

1. 자신과 관련 있는 언어 표현에 집중하세요

**Focus on language content
that is relevant to you.**

외국어로 나를 소개하고, 내가 좋아하는 것에 대해 말할 때 동기부여가 잘됩니다. 자기소개, 나의 취미, 내가 원하는 것에 집중합니다. 여행 회화를 배울 때, '식당이 어디입니까?' '출구가 어디입니까?' '이것은 얼마입니까?'처럼 현지에서 가장 유용한 표현부터 습득하는 게 좋습니다. 처음 본 사람과 CNN 뉴스나 〈타임〉 기사에 나오는 외교 문제로 토론을 벌이지는 않거든요. 사용 확률이 더 높은 표현을 공부해야 능률이 오릅니다.

2. 첫째 날부터 새로운 언어를 도구로 의사를 표현하세요

**Use your new language as a tool to
communicate from day 1.**

언어를 배운 첫째 날부터 입이 열린다니 이게 가능할까요? 네, 기초 회화를 외우면 이게 가능합니다. 외운 문장으로 대화의 물꼬를 틀 수 있으니까요. 문법 공부하고 단어를 외운 후에야 회화를 할 수 있다고 생각한다면, 어느 세월에 말문이 열릴지 알 수 없어요. 외국어는 공부한 첫날부터 말을 할 수 있어야 합니다. 회화를 외우면 첫날부터 의사 표현이 가능합니다. 외운 표현만 써먹으면 되거든요.

3. 메시지를 처음 이해한 순간, 무의식적으로 언어가 습득됩니다

**When you first understand the message,
you will unconsciously acquire the language.**

상대가 말한 문장 전체를 알아듣지 못했다고 좌절할 필요는 없습니다. 단어 몇 개만 알아들어도 뜻은 통합니다. 문법이나 어려운 단어에 집착하지 마세요. 언어는 의사소통의 도구입니다. 뜻만 통하면 의사 전달은 됩니다. 내가 아는 표현을 조합해서 최대한 나의 뜻을 전달하는 게 어학 공부의 목표입니다.

4. 언어를 배우는 것은 지식을 쌓는 게 아니라 육체적 훈련입니다

**Language learning is not about knowledge.
But, physiological training.**

외국어 공부는 몸을 쓰는 훈련입니다. 귀를 기울이고, 성대를 움직여 소리를 냅니다. 문법책을 들여다보고 머리로 이해하는 것보다 소리 내어 문장을 말하며 발성 근육을 훈련하는 게 더 중요합니다.

5. 정신적·육체적 상태가 중요합니다

**Psycho-physiological
state matters!**

누구도 완벽하지 않아요. 문장이 완벽하게 들리기를 바라고, 완벽한 문장을 말하기를 바란다면 공부하다 지칩니다. 마음을 편하게 가져야 합니다. 들리는 만큼만 듣고, 아는 만큼만 말해도 됩니다. 칠 수 없는 공은 치지 않고, 잡을 수 없는 공은 잡지 않는다는 '삼미 슈퍼스타즈'처럼 말입니다.

빠른 언어 습득을 위한 일곱 가지 활동

1. **많이 들으세요(Listen a lot)!**
   이게 영어 공부의 왕도겠지요.

2. **개별 단어 신경 쓰지 말고, 문장의 뜻을 파악하는 데 집중하세요**
   (Focus on getting the meaning first before the words).
   단어에 집착하기보다 문장 전체의 의미를 파악하는 데 공을 들여야 합니다.

3. **자꾸 섞어보세요(Start mixing).**
   10개 동사 × 10개 명사 × 10개 형용사 = 1000개 문장. 단어 30개만 알아도 1000개 문장을 조합할 수 있습니다. '나, 너, 있다'만 알아도 '내 안에 너 있다'라는 멋진 작업 멘트를 날릴 수 있는 것처럼요.

4. **핵심 표현에 집중하세요(Focus on the core).**
   3000단어만 알면 일상회화의 98퍼센트가 가능해집니다. 기본 단어와 기본 표현에 집중하세요.

5. **부모처럼 말을 쉽게 가르쳐주는 친구를 만나세요(Get a language parent).**
   엄마가 아기의 옹알이에 애정을 갖고 귀 기울여주듯, 나의 부족한 표현도 귀신같이 알아듣고 긍정적인 피드백을 해줄 수 있는 '말 부모'를 찾는 것이 중요합니다.

6. **말하는 사람의 표정을 흉내 내세요(Copy the face).**
   발음과 억양을 흉내 낼 수 있는 가장 좋은 방법은 말하는 사람의 표정을 흉내 내는 일입니다. 얼굴 근육을 움직여서 소리를 내기에, 발음이 자연스러워지는 가장 좋은 방법은 말하는 사람의 표정을 흉내 내는 것입니다.

7. 이미지로 직접 떠올리세요(Direct connect to mental images).

어떤 회화 상황을 외울 때는 머릿속에 이미지를 그려보세요. 책을 읽을 때도 그냥 읽는 것보다 말하는 사람의 표정을 상상하고, 두 사람이 처한 환경을 그려보면 훨씬 쉬워집니다.

4장
책 한 권을 완벽히 외웠다면

> Steve Jobs, Bill Gates and Mark Zuckerberg didn't finish college. Too much emphasis is placed on formal education. I told my children not to worry about their grades but to enjoy learning.
> - Nassim Nicholas Taleb

놀면서 공부하자

영어 회화책을 한 권 외우라고 하면 '휴, 그렇게까지 고생스럽게 공부해야 해?'라고 생각하시는 분들이 있습니다. 걱정 마세요. 그건 어디까지나 공부를 시작할 때 얘기입니다. 책 한 권을 외우셨다면, 이제부터 놀면서 공부할 수 있습니다. 초급에서 중급으로 올라가기 위해서는 알고 있는 회화 표현도 연습하고, 아는 표현의 양도 늘리는 게 중요합니다.

1. 외국인 친구를 사귀어라

회화 암송을 통해 입이 근질거리기 시작했다면, 대화 상대를 찾아 나설 때입니다. 관광 한국의 입지 덕분에 외국인 여행자를 만나는 게 어렵지 않아졌지요. 서울이 아니라면 동네에서 멀지 않은 관광

지를 찾아가봅시다. 외국인을 만나면 일일 가이드를 자청하고 즉석 한국 홍보대사가 되어보세요. 외국인 앞에서 서툰 영어로 말하기가 부끄럽다고요? 십중팔구 그 외국인의 한국어보다는 당신의 영어가 백배 나을 것입니다. 외국어를 배우겠다는 것은 그 자체로 원어민들이 경의를 표하는 노력이에요. 자신의 노력을 스스로 높이 평가하자고요. 당장 우리도 한국어를 배우려는 외국인을 보면 정이 가지 않나요?

일본어를 공부하던 시절, 배낭여행 중에 숙소에 가면 꼭 일본 사람이 있는지 물어봤습니다. 희한하게도 전 세계 어디에 가든 일본인 여행자 한두 명씩은 꼭 만날 수 있었어요. 일본인 여행자가 있다는 정보를 들으면 공동 주방에 가서 괜히 일본 라면 꺼내놓고 노닥거렸어요. 그러다 일본인 여행자가 나타나면 다가가서 물어봅니다. 이 라면 어떻게 끓이느냐고. 일본 라면을 참 좋아하는데 글자를 못 읽겠다고 엄살을 피웁니다. 그렇게 일본인 친구를 사귀고 일본어를 연습했습니다.

서울의 명동 거리에서 만났든 방콕의 카오산 로드에서 만났든 요즘은 국제적으로 친구 관리하는 일도 어렵지 않아요. 페이스북도 있고 인스타그램도 있고 왓츠앱도 있으니까요. 외국인 친구가 있다면 공짜로 외국어 공부하기 정말 좋은 세상입니다. 외국인 친구를 사귀는 건 외국어를 공부하는 데 아주 중요한 과정입니다. 만약 외국인에게 말을 거는 게 부담스럽다면 음성 지원이 되는 AI를 말 상대로 삼아도 좋아요. 회화의 기초는 독학으로 익힐 수 있어도, 고수가 되려면 누군가와 직접 대화를 해봐야 합니다. 시간을 내어 나와 대화해줄 친구를 사귀려면 끊임없이 들이대야 합니다. AI 친구라도 말이죠.

2. 문화를 즐겨라

언어를 배우는 큰 낙 중 하나는 그 나라 문화를 그 나라 말로 즐길 수 있다는 점입니다. 일본어를 공부할 때는 지하철에서 일본 애니메이션 보는 게 낙이었어요. 〈하이큐〉, 〈귀멸의 칼날〉, 〈주술회전〉 등. 재미도 있고 동시에 일본어도 다질 수 있지요. 일본 여행 가면 헌책방에 들러 좋아하는 일본어 만화책을 사 오는 게 필수 코스입니다. 아직 국내에는 번역되지 않은 신간들도 빼놓지 않고 챙기지요.

예전에는 영어 공부하려고 AFKN 보고, 일본어 공부하려고 부산 가서 일본 TV를 보던 시절이 있었어요. 지금은 원하면 미국 드라마, 일본 드라마 한껏 볼 수 있죠. 인터넷만 뒤져도 영어 자료, 일본어 자료가 수없이 쏟아집니다. 공짜로 외국어 공부하기에 이처럼 좋은 시절이 없어요. 영어는 미국 드라마와 팝송으로, 일본어는 애니메이션과 만화로, 중국어는 중국이나 대만 드라마로 공부할 수 있어요. 언어는 문화를 즐기는 첫 번째 관문입니다.

한국어는 세계적으로 봤을 때 소수 민족이 사용하는 제3세계 언어이기 때문에, 한국어로 된 문화는 우리 것밖에 없어요. 남들은 한국의 드라마를 보거나 K-POP을 따라 부르기 위해 한국어를 공부하잖아요? 세계 80개국 이상에서 사용하는 영어를 자유롭게 쓸 수 있게 되면 즐길 수 있는 문화권이 전 세계로 확대되는 것이죠. 문화를 즐기는 것, 영어 공부의 수단이자 목적입니다.

3. 즐거운 꿈을 가져라

마지막으로 당부하고 싶은 건, 즐거운 꿈을 꾸라는 것입니다. 영어 기초 회화는 누구나 합니다. 고수가 되려면 오랜 중급 과정을 거쳐야 합니다. 이때 필요한 것이 긍정적인 동기부여입니다. 좋은 대학에 못 갈까 봐, 입사시험에 떨어질까 봐, 회사에서 승진 못 할까 봐 같은 부정적인 동기부여는 스스로를 힘들게 해서 결국 목표를 포기하게 합니다. 긍정적인 동기부여! 즐거운 꿈을 갖는 것이 지치지 않는 영어 공부를 위해 필수입니다.

제가 영어를 공부한 목적은 언젠가 세계 일주를 가기 위해서였습니다. 일본어를 공부한 목적은 대박 한류 드라마를 연출하고 싶어서였고요. 제가 만든 드라마가 일본에서 대박이 나면 일본으로 날아가 수많은 일본인 팬 앞에서 현지 언론과 일본어로 인터뷰하는 장면을 수없이 상상해봤어요. 중국어를 공부한 목적은 언젠가 중국에 가서 한·중 합작 드라마를 연출하는 게 꿈이었기 때문입니다.

가슴 설레는 즐거운 꿈을 품으면 지치지 않고, 그때 고수의 경지에 이를 수 있습니다. 해외에서 드라마를 만드는 꿈을 이루지 못했어도 괜찮아요. 세계 일주의 꿈은 이루어지고 있거든요.

독해 자료의 보고
어린이 자료실 ───

아이들이랑 동네 도서관에 가는 걸 참 좋아했어요. 아이가 어린이 자료실에서 책을 읽는 동안 저는 영어 서가를 기웃거려요. 요즘 동네 도서관도 참 좋더라고요. 어린이 자료실에도 영어책이 많습니다. 부모님들의 힘이 크지요. 아이들 영어 공부시키려는 열혈 부모님들이 도서관에 영어 원서를 구입하라고 열심히 주문한 덕분입니다.

원서로 《작은 아씨들(Little Women)》(루이자 메이 올콧 지음, PUFFIN)을 읽어도 좋아요. 두꺼워서 약간 부담스럽지만, 워낙 유명한 책이니까요. 번역된 책을 어려서 읽은 기억이 있다면 이번에는 원서로 도전해보세요. 첫 장부터 '작은 아씨들'이 쉴 새 없이 수다를 떱니다. 회화 공부를 위해서는 심리나 장면 묘사보다 이렇게 대화문이 많은 소설이 좋습니다. 요즘은 잘 쓰지 않는 표현이 나온다는 게 좀 아쉽네요.

쉬운 현대식 영어 표현을 원한다면 《미스터리 A에서 Z까지(A to Z Mysteries)》(론 로이 지음, Random house) 같은 어린이용 시리즈도 좋습니다. 영어는 참 쉬운데, 이야기가 좀 유치한 게 흠이랄까요? 물론 초등용 영어라고 만만하진 않아요. 회화 공부를 위해서라면 〈타임〉보다 어린이책을 읽는 편이 낫습니다.

영어는 쉽지만 좀 더 어른스러운 위트를 원한다면 《윔피 키드(Diary of a Wimpy Kid)》(제프 키니 지음, Amulet books) 시리즈도 재미있어요. 영화로도 나왔으니 영화를 한 편 보고 읽어도 좋겠지요. 삽화가 들어 있어 책이 술술 쉽게 읽힙니다.

아이에게 소리 내어 영어책도 읽어주고 본인의 발음 연습도 하고 싶다면, 《닥터 수스(Dr. Seuss)》(닥터 수스 지음, Random house) 시리즈를 권합니다. 밤에 아이들 재우기 전에 읽어주면 참 좋아합니다. 운율과 각운이 딱딱 맞아 소리 내어 낭송하기 좋은 미국 어린이용 판소리지요. 닥터 수스 이야기는 영화화도 많이 되었으니 아이랑 영화를 같이 봐도 좋습니다.

《삐삐 롱스타킹(Pippi Longstocking)》(아스트리드 린드그랜 지음, Puffin)이나 《아낌없이 주는 나무(The Giving Tree)》(셸 실버스타인 지음, Harper Collins) 등 어렸을 때 읽은 책을 영어 공부를 겸해 다시 읽어도 좋아요. 다 도서관 어린이 자료실 영어 서가에 가면 찾을 수 있어요(없으면 도서관에 도서 신청을 하셔도 됩니다. 우리의 수고 덕분에 영어 서가가 더 풍성해질 것입니다).

초등학교 시절의 추억이 하나 있어요. 어느 날 학교 마치고 나오는데 정문 앞에 못 보던 손수레 행상이 있었습니다. 생전 처음 보는 간식을 팔았는데, 바로 식빵 튀김 토스트이었어요. 하나에 50원. 너무너무 맛있어 보이는데 당시 제 하루 용돈이 10원이었습니다. 10원이면 그때 '라면땅' 과자 하나를 살 수 있었어요. 거기 비하면 튀김 토스트는 신제품답게 당시로써는 상당히 고가였던 셈이지요. 그날부터 저는 용돈을 모았습니다.

닷새째 되는 날 수업이 끝나자 50원을 쥐고 교문 앞으로 나갔는데, 행상 아저씨의 모습이 보이지 않았어요. 50원을 손에 쥐고 거리를 찾아 헤맸지만 튀김 토스트 아저씨는 보이지 않았고, 결국 저는 그 토스트를 먹어보지 못한 채 유년 시절을 마감했지요. 돈이 부족해 토스트를 사 먹지 못한 그날의 아쉬움은 아직도 기억에 선합니다.

드라마 촬영을 하다 문득 길거리 행상에서 튀김옷을 입힌 토스트를 보면 꼭 하나 사 먹어요. 그럼 같이 일하는 조연출이 놀라 묻습니다.

"감독님 출출하세요? 가서 간식거리 사 올까요?"

그럼 저는 빙긋이 웃습니다.

"아냐. 이건 그냥 어린 시절의 나를 위한 선물이야."

어른의 삶은 어린 시절의 자신을 위한 선물입니다. 도서관 어린이 자료실에 가서 어려서 읽지 못한 책을 다시 읽습니다. 이제는 영어 원서로 읽을 수 있다는 게 어른이 된 기쁨이지요. 아무리 바빠도 아이들과 함께 일주일에 한 번은 꼭 동네 도서관에 갔어요. 어린이 자료실에서 아이에게 책 읽어주는 아빠, 어릴 적 내가 꿈꾸던 어른의 모습이었거든요.

회화 실력이
쑥쑥 느는
영어 소설책 읽기 ──

추운 겨울밤 드라마 야외 촬영은 진짜 힘듭니다. 밤샘 촬영 중 졸음도 쫓고 추위도 잊자며 누군가 질문을 던졌어요.

"만약 말이야, 딱 한 가지 초능력을 얻을 수 있다면 어떤 능력을 갖고 싶어?"

조연출이 얘기했어요.

"전 공간 이동 능력이요. 그럼 아침 6시 55분까지 푹 자고 7시에 촬영 버스에 짠 하고 나타날 수 있잖아요."

옆에서 조명감독이 거들었죠.

"난 염력. 이 추운데 일일이 전선 깔고 라이트 옮길 필요 없이 그냥 원하는 위치에 라이트를 딱 갖다 놓게."

장소 섭외 담당자는 천리안을 갖고 싶다고 했습니다. 굳이 헌팅을 가지 않고도 멀리 있는 장소를 볼 수 있게 말이지요. FD는 독심술로 PD가 말을 안 해도 다음 장면에 뭐가 필요한지 미리 알고 싶다고 했어요. 한창 얘기를 하다 문득 슬퍼졌어요.

'젠장, 전부 일을 잘하게 하는 초능력이잖아?'

지구 최고 갑부 중 한 사람인 빌 게이츠에게 누가 물었습니다.

"원하는 초능력을 얻을 수 있다면 어떤 힘을, 왜 얻고 싶은가요?"

빌 게이츠가 "오래 사는 거?" 했더니 옆에 앉은 워런 버핏이 "그건 재미없잖아?" 하고 눙칩니다. 그러자 빌 게이츠가 "read books super fast", 그러니까 책을 엄청 빨리 읽는 것이라고 답합니다. 워런 버핏이 옆에서 거들지요.

"빌은 책을 진짜 빨리 읽어요. 나보다 3배는 빠르지. 말인즉슨 나는 책 읽느라 인생에서 10년을 날린 거야."

빌 게이츠도 그렇지만 워런 버핏의 독서량도 엄청납니다. 열여섯 살에 이미 경영 관련 서적 수백 권을 읽었고, 일반인보다 독서량이 다섯 배는 많은 걸로 유명하지요. 두 사람은 책에서 얻은 통찰력으로 자본주의 세계를 지배합니다. 그런 다독가들도 책을 더 빨리 읽는 것이 소원이라니 참, 욕심은 끝이 없죠?

저도 책을 꽤 빨리 읽는 편입니다. '나는 어떻게 이렇게 책을 빨리 읽는 걸까?' 생각해보니 이것도 영어 공부 덕이 컸어요. 책을 읽을 때 한 글자 한 글자 끊어서 읽기보다 여러 단어를 의미 단락별로 한 번에 모아서 읽거든요. 단어를 묶어서 파악하는 습관은 영어 문장 외우기 덕에 얻은 것입니다.

《해리 포터와 마법사의 돌(The Harry Potter and the Sorcerer's Stone)》(J.K. 롤링, Scholastic)을 원서로 읽는 경우를 예로 들어볼게요. '마법사의 돌'에 관한 비밀을 캐던 해리와 헤르미온느가 해그리드와 마주치는데, 그는 뭔가 숨기는 듯 허둥대며 가버립니다. 헤르미온느가 해리에게 묻습니다.

"What was he hiding behind his back?"
"Do you think it had anything to do with the Stone?"
"I'm going to see what section he was in."
"Dragons! Hagrid was looking up stuff about dragons! Hagrid's always wanted a dragon, he told me so the first time I ever met him."

"등 뒤에 숨긴 게 뭐지?"
"마법사의 돌이랑 관계가 있다고 생각해?"
"어떤 서가에 있었는지 가서 볼게."
"용이야! 해그리드는 용에 대한 책을 찾아보고 있었어! 해그리드는 항상 용을 원했지. 처음 만났을 때 그렇게 말했어."

참고로 회화 공부를 위해 영문 소설을 읽는다면, 지문은 빨리 넘기고 대화 위주로 읽는 게 속독의 비결입니다. 이야기의 흐름은 대화만 읽어도 파악이 되고, 대화문을 많이 읽으면 회화가 자연스럽게 늘거든요. 위의 문장을 암송한다고 해보죠. 아래처럼 끊어 외울 수 있습니다.

> **What was he hiding** 뭘 숨겼지? **/ behind his back?** 등 뒤에 **/ Do you think** 생각해? **/ it had anything to do with** 관계가 있다 **/ the Stone?** 그 돌? (마법사의 돌) **I'm going to see** 가서 봐야지 **/ what section** 어떤 부분에 **/ he was in.** 그가 있었는지 **Dragons!** 용! **Hagrid was looking up** 해그리드가 찾아본 건 **/ stuff about dragons!** 용에 대한 것 **Hagrid's always wanted a dragon,** 해그리드는 늘 용을 원했어 **/ he told me so** 내게 그렇게 말했어 **/ the first time** 처음으로 **/ I ever met him.** 내가 그를 만났을 때

위의 대화를 외우려면, 일단 몇 번 소리 내어 읽은 다음, 앞에서 알려드린 요령대로 쪽지에 적습니다.

> 뭘 숨겼지? 등 뒤에. 넌 생각해? 관계가 있다고, 그 돌이랑? 가서 볼 거야, 어떤 부분에, 그가 있었는지. 용! 해그리드가 찾아본 건, 용에 대한 것. 해그리드는 늘 용을 원했어. 내게 그렇게 말했어. 처음으로,

내가 그를 만났을 때.

이렇게 의미 단락으로 나누어 문장을 외우면, 회화 응용도 쉬워집니다. 새로운 문장을 만들 때 말의 뼈대가 되는 것은 기존에 외워둔 의미 단락들입니다. 상황에 맞는 단어만 넣어주면 회화가 완성됩니다. 소설 속에 나온 대화는 다음처럼 실전 회화로 응용할 수 있습니다.

What was she hiding / under the table?
그녀가 숨긴 것 / 탁자 아래

Do you think / it had anything to do with / Korean TV dramas?
너는 생각해? / 관계가 있다 / 한국 TV 드라마

I want to know / what film she is interested in.
나는 알고 싶다 / 어떤 영화에 그녀가 관심이 있는지

She was looking up / stuff about cosmetics. / She always wanted fair skin, / she told me so / the first time I ever met her.
찾아보고 있었어 / 화장품 관련 항목 / 항상 하얀 피부를 원했어 / 그렇게 말했지 / 처음 그녀를 만났을 때 그녀가 탁자 아래 숨긴 게 뭐야?

그게 한국 TV 드라마랑 관계가 있다고 생각해?

나는 그녀가 어떤 영화에 관심 있는지 알고 싶어.

그녀는 화장품에 대해 찾아보고 있었어. 항상 깨끗한 피부를 원한다고 내가 처음 그녀를 만났을 때 그렇게 말했어.

이렇게 몇 개 단어를 모아서 의미 단락으로 한 번에 뜻을 파악하는 버릇을 들이면 자연히 책 읽기도 빨라집니다. 빌 게이츠가 탐내는 초능력을 얻는 방법, 당신도 갖고 싶은가요?

평소 책을 많이 읽고 영어 문장을 외우세요. 책을 더 빨리, 많이 읽으면 빌 게이츠나 워런 버핏처럼 언젠가 세계 최고의 갑부가 될 수 있을까요? 제 경우를 보면, 그냥 대본을 빠르게 파악하는 드라마 PD가 되더군요. 어려서 꿈은 돈 벌어서 책을 마음껏 읽는 것이었어요. 천하의 빌 게이츠도 책을 더 많이 읽는 게 꿈이라고 말하잖아요? 그런데 굳이 갑부가 아니어도 도서관에 가면 책은 얼마든지 읽을 수 있어요. 은퇴하고 매일 도서관으로 출퇴근하면서 읽고 싶은 책을 실컷 읽는 것, 오랜 저의 꿈이었습니다. 인생, 그것보다 더 바라면 욕심이지요.

영영사전 vs. 위키피디아

어떤 분이 물었습니다.

"영어 공부할 때 영한사전을 볼까요, 영영사전을 볼까요?"

처음엔 아무래도 영한사전이 편하겠지만 본격적으로 영어를 공부한다면 영영사전을 권합니다. 저는 영어 공부에 한창 미쳐 있을 때 지하철에서 심심하면 롱맨 영영사전을 꺼내 읽었습니다. 영영사전을 읽으면 재미도 있지만 깨달음도 얻습니다. 아무리 어려운 단어라도 쉬운 문장으로 다 설명할 수 있구나 하고요. 영영사전은 2000개 기본 단어로 거의 모든 단어와 상황을 설명해요.

《정재승의 과학 콘서트》(정재승 지음, 어크로스)를 보면, '지프의 법칙'이라는 게 나옵니다. 미국 하버드대학교의 언어학자 조지 지프가 영어로 된 책에 나오는 단어들을 모두 세어 빈도를 조사했더니,

자주 사용하는 단어는 극히 소수에 불과하고 대부분의 단어는 쓰이는 횟수가 아주 적었다고 해요. 한국어를 두고도 비슷한 연구를 했는데, 사용 빈도 상위 1000개의 단어만 알면 누구든 한국어의 75퍼센트를 이해할 수 있답니다.

어려운 단어는 그만큼 활용도가 낮은 단어입니다. 굳이 어려운 단어를 외우려고 하지 말고, 쉬운 단어를 활용하면서 익히는 게 좋습니다. 그렇게 하면 회화 실력이 금세 늡니다. 쉬운 단어 1000개만 알아도 어지간한 회화는 가능하거든요. 중·고등학교까지 배운 영어 단어면 충분해요. 《VOCA 22000》처럼 어려운 책을 공부하지 말고, 차라리 영영사전을 보면서 'give'나 'take' 같은 기본 동사의 예문을 읽는 편이 낫습니다. 영영사전의 예문은 단순하면서도 활용도가 높은 주옥같은 문장들이니까요. 단순하고 쉬운 것이 좋은 것입니다. 어려운 말보다 쉽게 이야기하는 것, 그게 진짜 회화 고수로 가는 길이에요.

요즘은 영영사전을 사서 들고 다니는 사람은 없더군요. 롱맨 영영 사전도 절판되었습니다. 전자사전 앱이나 인터넷 검색을 이용하니까요. 추억의 롱맨 영영사전은 이제 온라인판으로만 남아 있습니다.

- 롱맨 영영사전

www.ldoceonline.com

예전에는 돈 주고 샀던 것을 이제는 온라인에서 다 공짜로 쓴다고 생각하니, 세상 참 좋아졌네요.

《드라이브》(다니엘 핑크 지음, 김주환 옮김, 청림출판)라는 책 앞머리에 이런 이야기가 나옵니다.

두 개의 백과사전이 있습니다. 하나는 세계 최고의 소프트웨어 회사인 마이크로소프트에서 각 분야의 전문가들을 모아 편찬한 것이고, 또 하나는 수만 명의 일반인들이 돈 한 푼 안 받고 재미 삼아 만든 거죠. 자, 두 개의 백과사전 중 15년 뒤에 무엇이 성공할까요?

우리는 이제 답을 알지요. 마이크로소프트에서 많은 돈을 투자한 전자 백과사전 엔카르타는 망했고, 아마추어들의 재능 기부로 만들어진 위키피디아가 성공했다는 걸. 하지만 당시에는 아무도 이 같은 결과를 예상하지 못했지요. 돈 받고 일하는 사람이 재미로 노는 사람을 못 당합니다.

궁금한 게 있다면, 즐겨찾기 해둔 위키피디아 영문 홈페이지에 들어가 영문으로 검색해보세요. 화면 속에 파란색으로 표시된 단어를 마구 눌러보세요. 위키피디아 속 다양한 단어와 표제어의 세계를 항해하는 것만으로도 즐거운 웹 서핑을 즐길 수 있습니다. 그 속에서 새로운 영어 표현을 배우는 것은 덤이고요.

예전에는 영영사전과 영어 신문과 〈타임〉 등을 보며 영어를 공부했다면, 앞으로는 위키피디아와 유튜브, 챗GPT와 노는 사람이 영어를 더 쉽게 배울 것입니다. 기억하세요, 열심히 하는 사람이 즐기는 사람을 당해내지 못하는 세상이 왔다는 걸.

영어시험
잘 보는 비결

　가끔 영어시험 잘 보는 방법에 대해 묻는 분들이 있어요. 토익에서 문법이나 어휘는 자신 있는데, LC(리스닝) 파트가 어려워 점수가 안 나온다고 고민을 털어놓지요. 언어는 듣고 말하고 읽고 쓰기가 유기적으로 연결되어 있습니다. 시험 보는 요령을 생각하면 하나하나를 시험 과목으로 분리해 따로 공부하게 됩니다. 잘하는 부문은 쉬우니까 자꾸 하고, 어려운 부분은 막히니까 건너뜁니다. 그래서 잘하는 파트, 못하는 파트의 격차가 생기는 겁니다.

　문제 설계가 잘된 시험이라면 뒤로 갈수록 조금씩 어려워집니다. 청취든 독해든 마지막 고난도 문제는 놓칠 수 있어요. 하지만 어떤 과목이든 쉬운 문제는 다 맞혀야 합니다. 쉬운 문제를 놓치면 절대 고득점이 안 나옵니다. 어느 한 부분이 약하다는 건 언어를 공부한 게 아니라 문제 푸는 요령만 익혔다는 뜻이거든요.

영어시험을 잘 보는 요령은 간단합니다. 영어 문장을 많이 접하는 것이지요. 지문을 읽다 보면 어색한 문장이 눈에 띕니다. 속으로 읽어보면 입에 붙지 않는 예문들이 있어요. 그게 바로 틀린 보기입니다.

예전에 영어를 고시 공부하듯 공부한다고 했더니 누가 그러더군요.

"그럼 너도 단권화 작업하니?"

단권화 작업이란 한 권의 책을 골라 그 책만 반복해서 읽으며 공부한다는 뜻입니다. 고시생들은 형법이든 민법이든 교재는 한 권만 선택하고, 그 책을 여러 번 반복해서 공부한답니다. 다른 참고서나 강의에서 배운 지식은 그 책의 관련 페이지 여백에 기록합니다. 그 한 권만 들여다보면 시험에 대한 체계가 딱 잡히도록 말이지요.

영어시험을 위한 공부를 하다 보면 중간에 포기하는 경우가 많습니다. 공부가 안될 때 보통 환경을 탓하거나, 선생을 탓하거나, 교재를 탓합니다. 책만 바꾸면 금세 늘 것 같지만 오히려 그 반대이기 십상입니다. 쉬운 앞부분은 반복해서 보는데 정작 자신이 모르는 뒷부분까지는 진도를 나가지 못해 모르는 채로 남으니까요. 이렇게 공부하면 책장에 토익이나 토플책의 숫자는 느는데 정작 실력과 점수는 늘지 않아요. 고득점을 좌우하는 고난도 문제는 뒤에 주로 나오기 때문입니다.

저는 법대 고시생들의 조언을 받아들여 여러 권을 읽기보다 한 권을 여러 번 읽었습니다. 페이지를 펼치면 그 장의 내용이 쓱 떠오를 때까지 반복해서 읽었어요. 책 표지 뒷장에다는 언제 공부를 시작해 언제 끝냈는지 적어뒀습니다. 반복해서 공부하면 갈수록 공부하는 시간이 줄어듭니다. 처음에는 몇 달에 걸쳐 보았는데 열 번째에 이르면 훑어만 봐도 다 아는 내용이기에 소설 읽듯이 술술 넘어가지요. 이쯤 되면 진짜 뿌듯합니다. 중요한 건 반복입니다. 영어시험용 교재는 처음부터 끝까지 반복해서 여러 번 봐야 체계가 잡힙니다.

처음 공부할 때는 모르는 단어를 해설하느라 빨간색으로 주석을 달고, 두 번째 공부할 때는 중요한 표현에 줄을 치고, 세 번째 공부할 때는 관련 상용구를 적느라 파란 글씨로 첨언을 했습니다.

단권화 작업을 한 건 대학 시절인데, 그 도움을 가장 많이 받은 건 졸업 후였지요. 1992년에 졸업한 저는 이후에도 몇 차례 영어시험을 봤습니다. 첫 번째가 1994년에 통역대학원 입학시험 볼 때고, 두 번째가 1996년에 MBC 입사시험 볼 때였습니다. 몇 년 만에 영어시험을 보니 긴장되더군요. 그때마다 단권화 작업을 해둔 영어 교재를 펼쳐 들었습니다. 특히 MBC 공채 영어 필기시험을 준비하면서는 전날 책을 펼치고 몇 시간 만에 다 봤어요. 예전에 공부한 내용이 머릿속에 다시 떠오르면서 소설 읽듯 술술 넘어가더군요. 그 순간 자신감이 생겼어요. 시험에서 어떤 문제가 나와도 당황하지 않을 자신감.

영어 단권화 작업은 토익이나 토플 시험을 준비하는 분들께 권하고 싶어요. 어떤 지식을 완벽하게 내 것으로 만드는 방법은 시간을 두고 반복하는 데 있거든요.

영어도 잘하고 싶다면 계속해야 한다

무엇이든 잘하고 싶으면 오래 해야 하고, 오래 하려면 과정이 즐거워야 합니다. 영어 공부도 마찬가지예요. 책을 외우는 방식은 처음엔 좀 힘들 거예요. 하지만 일단 책 한 권을 외우고 나면, 영어로 된 대중문화도 즐길 수 있습니다. 미드나 영화를 자막 없이 보고, 지하철에서 영문 페이퍼백 소설을 읽고, 하버드대학교 영어 강의를 스마트폰으로 즐기는 생활, 이제 조금만 더 가면 가능합니다. 한번 가볼까요?

1. 회화엔 미드 마니아

〈여왕의 꽃〉 해외 촬영을 위해 대만 가오슝에 갔다가 통역을 하러 나온 대학생을 만났어요. 한국어를 무척 잘하기에 어디서 배웠느냐고 물어보니 한류 드라마의 팬이라 드라마를 보며 배웠다고 하더군요. TV를 보면 일본 애니메이션 〈하이큐〉를 보다가 일본어가 유창해진 아이나 유튜브를 즐겨 보다 영어를 잘하게 된 아이들이 곧잘 나옵니다.

영어의 기초를 다졌다면 표현을 더 풍부하게 하기 위해 미드를 즐겨도 좋습니다. 요즘은 OTT 플랫폼을 통해 전 세계의 드라마를 쉽게 볼 수 있잖아요. 미국 드라마는 중독성이 강해서 한번 보면 금세 빠져듭니다. 놀듯이 공부할 수 있어요. 지하철에서 보는 미드가 다 영어 공부의 일환이지요. 드라마를 보고 알아듣지 못하는 대목이 나와도 걱정할 필요가 없습니다. 〈브레이킹 베드〉나 〈뉴스룸〉처럼 유명한 드라마는 인터넷에서 영어 대본을 구할 수 있거든요. 영문 대본을 띄워놓고 드라마를 보는 것도 한 방법입니다.

2. 청취엔 영문 팟캐스트 마니아

유튜브에는 정말 좋은 영어 자료가 많습니다. 그런데 유튜브는 유료 프리미엄을 사용하지 않으면 광고가 계속 뜹니다. 집중력이 떨어지지요. 그래서 저는 유튜브보다 오디오만 있는 자료를 더 많이 활용했어요. 아이튠즈나 팟캐스트에서도 영어로 된 오디오 자료를 쉽게 구할 수 있습니다.

아이튠즈-U에서는 세계 유수의 대학 강의를 집에서 공짜로 듣는 즐거움을 누릴 수 있습니다. 《정의란 무엇인가》(마이클 샌델 지음, 김명철 옮김, 와이즈베리)를 재미있게 읽었다면 아이튠즈 검색창에 'Justice with Michael Sandel'이라고 쳐보세요. 하버드대학교 법대 강의도 내 방에 앉아 공짜로 들을 수 있어요.

초보자들을 위한 팟캐스트로는 BBC의 라디오 프로그램을 추천합니다. 미국 공중파 라디오 NPR에도 좋은 프로그램이 많아요. 영어를 외국어로 공부하는 이들을 위한 초급 회화 방송도 있으니 한번 찾아보시길.

아이튠즈에서 'FREE'라는 글자가 무수히 뜨는 걸 보면 황홀경에 빠집니다. 영어 하나만 잘해도 공짜로 누릴 수 있는 게 얼마나 많은지! 여러분도 영어 공부를 통해 세상의 모든 문화를 공짜로 즐기는 희열을 느껴보세요.

3. 독해엔 원서 소설 마니아

투자하는 시간 대비 효율을 따진다면 영어 소설을 읽는 것도 좋습니다. 같은 시간에 접하는 단어나 문장의 수가 영상 콘텐츠보다 소설이 월등하게 많기 때문이지요. 같은 이야기도 영화보다 소설이 더 풍부한 텍스트를 담고 있습니다. 그래서 소설을 읽은 다음 영화를 보면 실망하기 쉬워도 영화를 본 다음 소설을 읽으면 실망할 확률이 적다고 말하기도 하지요. 그렇다면 어떤 소설을 읽는 게 좋을까요?

영화로 보아 이미 줄거리를 이해하고 있는 해리 포터 시리즈도 좋은 영어 공부 교재입니다. 번역본을 먼저 읽고 원서로 다시 봐도 재미있어요. 각종 마법이나 마술사 이름 같은 고유명사는 원서로 보면 또 다른 재미를 선사해주죠. 아는 내용이라 진도가 빨리 나갑니다. 해리 포터 시리즈는 청소년 대상으로 나온 책이라 두께에 비해 술술 읽힙니다. 영화로 본 판타지 소설만 읽어도 교재는 충분하지요. 《해리 포터》를 비롯해 《트와일라잇(Twilight)》(스테프니 메이어 지음, Little BrownCo), 《헝거 게임(The Hunger Games)》(수잔 콜린스 지음, Scholastic), 《반지의 제왕(The Lord of the Rings)》(존 로널드 루엘 톨킨 지음, Harper Collins) 시리즈 등 다양한 책이 있으니까요.

 노벨 문학상 수상작은 권하지 않습니다. 영어 공부에서는 그냥 재미난 대중소설이 좋습니다. 셰익스피어보다 J.K. 롤링이 낫다는 거죠. 쉽게 잘 읽히거든요. 단어의 뜻에 집착하지 말고 주인공의 운명에 집착하세요. 영어 공부를 목적으로 읽는다면, 어렵고 두꺼운 책보다 쉽고 재미난 책이 낫습니다. 모르는 단어는 신경 쓰지 말고 전체 문맥으로 내용만 파악하면서 읽으세요. 소설 읽다 사전 뒤지기 시작하면 오래 못 가고 금세 지칩니다. 영어 고수가 되는 길은 지치지 않고 문화를 즐기는 데 있습니다.

회화 공부가
지겨울 땐
팝송

    무언가를 좋아하면, 저는 꼭 직접 해보고 싶어집니다. 이야기를 읽는 게 재미있다면, 그 이야기를 남에게 해주는 것은 더 재미있어요. 수동적 감상도 좋지만 능동적 모방 행위가 더 큰 기쁨을 줍니다. 팝송도 마찬가지예요. 듣는 것도 좋지만 직접 연주하고 노래하면 더 즐겁습니다.

    고교 시절, 좋아하는 팝송이 생기면 직접 부르고 싶었어요. 하지만 가사를 알 길이 없었죠. 1970~1980년대에 나온 〈월간 팝송〉이라는 잡지가 있는데, 거기엔 최신 히트 팝송의 악보가 실렸어요. 잡지를 살 형편은 안 되고, 서점 주인 눈치를 살피며 가사를 조금씩 노트에 베꼈어요. 옛날엔 학교 근처 로터리에 서점만 서너 곳이 있었습니다. 서점마다 옮겨 다니며 첫 번째 가게에서 1절 적고, 두 번째 가게에서 2절 적고, 세 번째 가게에서 후렴구 적고 이런 식으로 구걸 독서를 한 거죠. 눈치가 많이 보일 땐, 서서 가사를 외우고 나와서 담벼락에 노트를 대고 옮겨 적기도 했습니다. 그때와 비교하면, 요즘은 팝송 가사 외우기 참 좋은 시절입니다. 유튜브 검색창에 좋아하는 팝송 제목 뒤에 'lyrics'라고 입력하면, 노래에 맞춰 가사 자막이 화면에 뜨는 친절한 동영상들이 많아요.

미국인 친구 하나가 한국어가 유창해서 어찌 그리 우리말을 잘하느냐고 물어봤어요. K-POP을 즐겨 부르다 보니 그리 되었다고 하더군요. 물론 그게 전부는 아니겠지만, 효과는 분명히 있습니다. 회화 공부가 지겨울 때는 팝송을 같이 외우는 것도 방법입니다.

여기서 포인트! 그냥 팝송을 듣기만 한다고 영어가 늘지는 않아요. 아마 수십 년간 팝을 들으신 분이라면 이미 느끼셨을 테지만요. 따라 부르고, 가사를 외우기 위해 공을 들여야 합니다. 회화 공부랑 같지요.

팝송을 활용한 영어 공부 요령 몇 가지를 적어봅니다.

1. 좋아하는 노래로 연습

일단 시작할 때는 좋아하는 노래 하나를 정해놓고 반복해서 듣습니다. 내가 좋아하는 노래라야 동기부여가 쉽습니다. 반복해서 듣고, 따라 부르기 즐거워야 공부 효율이 오릅니다. 재미있고 효과가 있으면, 한 곡씩 레퍼토리를 늘려갑니다. 처음부터 너무 많은 노래를 욕심내면 외우기 힘듭니다. 일주일에 한 곡씩 도전해보세요.

2. 전체 가사 자막을 프린트하기

화면에 나오는 한 줄 한 줄로는 노래의 전체 분위기를 파악하기 쉽지 않습니다. 구글 영문 검색으로 가사 전체를 찾아 종이에 프린트하세요. 전체 가사를 보고 독해를 한 후 노래를 들으면 뜻이 더 쉽게 기억됩니다.

3. 노래에 감정 싣기

오디션 프로그램의 심사위원들이 늘 하는 지적이죠. '노래에 기교만 있고 감정이 없으면 감동이 없다.' 노래의 감정을 흉내 내야 합니다. 그러면 자연히 발음도 흉내 내집니다. 언어란 감정 표현의 도구입니다. 감정을 실어야 그 표현이 쉬워져요.

4. 유튜브 로그인으로 재생 목록 관리

스마트폰 유튜브 계정 관리를 통해, 좋아하는 노래가 생기면 재생 목록에 넣어두세요. 좋아하는 가수 이름을 입력하고 'lyrics playlist'를 추가하여 검색하면 줄줄이 뜹니다. 저장해두고 반복해서 따라 불러보세요. 유튜브 계정에 암송한 팝송 리스트를 올려두고 짬날 때마다 한 번씩 복습해보세요. 한 번 외운다고 영원히 남진 않아요. 회화 문장처럼 틈날 때마다 복습해야 확실한 내 것이 됩니다.

5. 될 수 있는 대로 남들 앞에서 불러보기

이렇게 외운 팝송은 친구들과 노래방 가서 꼭 불러보셔야 합니다. 회화 문장을 외웠다면 회사에서, 거리에서 마주친 외국인에게 꼭 써먹어야 하듯이 말입니다. 외국인에게 말 거는 것보다는 노래방에서 팝송 부르는 게 더 쉬울 거예요. 유창한 발음으로 노래를 부르고(반복 연습하면 누구나 할 수 있어요. 가사를 외워서 부르면 정말 유창하게 느껴집니다) 친구들의 박수갈채와 환호를 온몸으로 느껴보세요. 공부에서 중요한 건 성취감을 느끼는 일입니다. 고취된 자부심은 다음 팝송에 도전하는 데 상당한 동기부여가 되거든요.

젊어서는 시간이 천천히 흐르고, 나이 들면 시간이 빨리 흐른다고 하지요. 왜 그럴까요? 젊어서 해본 일들은 처음 해본 것이라 기억에 오래오래 남는답니다. 첫 데이트, 첫 키스, 첫 이별 등. 나이 들면 다 전에 해본 것들이라 별로 기억에 남지 않는다는군요. 기억나는 것이 많은 시절은 천천히 흐르는 것 같고, 남은 기억이 없는 시절은 후다닥 지나가는 것 같아요. 그렇다면, 인생을 천천히 오래도록 즐기는 비결은 오래가는 추억을 많이 남기는 것입니다. 그러려면 전에 해보지 않은 일, 처음으로 시도하는 일이 많아야 하지요.

팝송 부르기, 한 번도 해보지 않았다면 이번 기회에 시도해보세요. 영어 공부에 도움이 되는 즐거운 도전이니까요.

나의 영어 선생님, 챗GPT

2022년에 챗GPT가 나왔습니다. 써보고 깨달았어요. 영어 공부에서 정말 좋은 회화 연습 상대가 나타났구나! 영어 스피킹에 자신이 없는 분은 인공지능을 활용해 회화 연습을 하면 됩니다. 왜냐, 참을성이 굉장하거든요.

운전할 때 내비게이션을 쓰는데요, 때로는 내비게이션이 안내한 대로 가지 않고 내 마음대로 가죠. 그래도 화내는 법 없이 늘 다정하게 새로운 경로를 안내해줍니다. 인내심으로는 거의 보살의 경지입니다. 회화 상대로서 챗GPT도 마찬가지입니다. 내가 아무리 더듬고 헤매도 답답해하지 않고 가만히 기다려줍니다. 오히려 용기를 북돋워 주기도 하고요. 원어민 수업 시간에는 자신이 없어 말을 열지 못하는 사람도 챗GPT랑 회화 연습을 하면 쉽게 말문을 열 수 있습니다.

《조이스박의 오이스터 영어교육법》(조이스 박 지음, 스마트북스)과 《하루 10분 명문 낭독 영어 스피킹 100》(조이스 박 지음, 로그인) 등 다양한 영어 교재를 쓴 영어교육 전문가 조이스 박이 《조이스 박의 챗GPT 영어공부법》(조이스 박 지음, 스마트북스)을 출간했어요. 그 책에서 소개한 챗GPT를 활용한 영어 공부법을 따라해봤습니다. 우선 구글 크롬에서 'Talk to Chat-GPT'라는 대화형 확장앱을 검색해 깝니다. 앱을 실행한 뒤 대화창에 이렇게 말을 걸었어요.

'너랑 대화하고 싶어. 모의 회화를 해보자. 서울발 뉴욕행 비행기 안에 나란히 앉아 있다고 가정해봐. 나는 한국인 관광객, 너는 뉴욕에 사는 뉴요커. 네가 먼저 말을 시작하고, 대답을 2~3문장보다 길게 하지 마.'

여행 떠나기 전 공부하면 좋을 문장들을 챗GPT가 쭉쭉 뽑아줍니다. 시키는 대로, 내가 원하는 주제와 난이도에 맞춰서 문장을 만들고 연습시켜줍니다. 업무상 영어를 쓰는 분들에게도 챗GPT는 아주 훌륭한 원어민 회화 교사입니다.

챗GPT에게 재미난 읽을거리를 뽑아달라고 주문해봤어요.

Plz make a list of 10 famous short sories in the public domain.

'public domain'은 저작권이 없는 작품을 말합니다. 그랬더니 챗GPT가 열 개의 목록을 뽑아줍니다. 그중 읽고 싶은 작품을 골라요.

Plz give me the full text of (작품명).

이렇게 넣으니 소설 원문이 뜹니다. 이만한 독해 공부가 따로 없네요.

1990년에 영어 공부를 할 때는 회화 테이프를 늘어지도록 듣고, 매시 정각이면 라디오에서 하는 AFKN 뉴스에 귀를 기울였어요. 인터넷이 없던 시절이라 라디오가 영어 선생이었지요. 독해 공부 한다고 용산 미군 부대 앞 헌책방 순례하며 스티븐 킹 소설도 모았고요. 길을 가다 외국인을 보면 쫓아가 더듬더듬 부끄러움을 무릅쓰고 말을 걸었어요. 그 시절에는 영어공부를 하려면 자료를 모으고 사람을 만나는 게 일이었어요.

시대가 바뀌었습니다. 챗GPT는 원어민 회화 선생에, 영문 에세이 감수자에, 독서 자료 제공자에, 통번역까지 해줍니다. 세상에나, 세상에나. 더욱 놀라운 건, 영어 실력이 초급이든 중급이든 고급이든 각자의 수준에 맞춰 자신만의 학습법을 만들 수 있다는 거지요. 영어 공부의 신세계가 열렸어요. 이젠 시간이 없어서 공부 못 한다고는 해도, 돈이 없어서 공부 못 한다는 말은 못 하겠네요.

뜻만 있다면 누구에게나 마침맞은 길이 열렸어요. 영접하십시오, 챗GPT. 챗GPT는 카톡 쓰듯 쓸 수 있는 인공지능입니다. 나를 위해 모든 것을 제공해주는 참을성 많은 영어 잘하는 친구와 채팅하세요!

듀오링고를 활용한 영어 공부법

기술의 발달을 영어 공부에 활용하는 방법은 또 있습니다. 《스마트워크 바이블》(최두옥 지음, 유노북스)의 저자가 페이스북에 올린 글에서 "언어공부는 색칠이 아니라 덧칠"이라고 한 말에 무릎을 탁 쳤습니다.

수년간 공부한 영어를 지금 하나도 못 쓰는 성인들이 이런 케이스지요. 언어는 공부만으로는 부족해요. 오랜 기간의 살아 있는 경험이 필요하죠.

빈칸을 순서대로 틈 없이 채워가는 색칠 대신, 전체를 수십 번씩 덧칠하는 방식으로 무언가를 다시 배운다면 어떨까요? 장기적으로는 아주 가성비가 좋고, 적어도 스트레스는 적어질 거예요. 학습이 도전의 대상이 아닌 놀이가 되는 거죠.

완전 공감합니다. 무언가를 잘하기 위해서는 꾸준히 해야 하고요, 꾸준히 하기 위해서는 그 일에서 즐거움을 맛볼 수 있어야 해요. 최두옥 저자는 듀오링고(Duolingo)라는 앱으로 스페인어와 프랑스어를 공부하는데요, 게임을 즐기듯 매일 조금씩 꾸준히 한답니다. 스마트워크 분야의 일인자가 하는 방법이라니! 저도 듀오링고로 일본어와 중국어를 공부하기 시작했어요.

이왕 시작한 김에 단 하루도 빠지지 않고 '연속 사용 기록'을 세워보기로 했지요. 2025년 5월 15일 스승의 날까지 407일의 기록을 달성했어요. 57세의 나이에 아침마다 저를 깨워 가르침을 주시는 최고의 스승님을 만났습니다. 듀오링고 선생님, 고맙습니다! 듀오링고를 1년 넘게 쓰고 깨달은 점 3가지가 있어요.

첫째, 꾸준히 하려면 아침에 일어나자마자 하는 게 좋습니다. 모든 공부가 다 그렇듯 낮에는 바쁘고 저녁에는 약속이 생겨 빼먹기 쉽습니다. 미루다 보면 영영 못해요. 애써 마음먹은 일도 하루 이틀 빼먹으면 금세 포기하게 되죠. 그래서 아침에 일어나서 가장 먼저 하는 일로 습관을 들였어요. 그랬더니 미루는 것도 일이 되더군요.

둘째, 스마트폰 첫 번째 화면에 앱을 깔아둡니다. 저는 게임 아이콘을 지우고 그 자리에 듀오링고 앱을 배치했어요. 가급적 큰 아이콘으로 눈에 띄게 해두었어요. 큰 아이콘은 연속 기록의 숫자를 보여주는데요. 하루하루 숫자가 올라가는 걸 보는 데에서 제법 큰 성취감을 맛보았어요. 어쩌다 아침에 깜빡 잊으면, 온종일 아이콘속 캐릭터가 삐진 표정으로 저를 노려봅니다. '오늘은 언제 공부할 거야?' 정말 밀착형 과외 교사입니다.

셋째, 처음에는 딱 한 과만 해도 됩니다. 겨우 3분이면 됩니다. 시작할 때는 하루도 빼먹지 않는 것을 목표로 삼는 게 좋아요. '연속 사용 기록'을 위해서 조금씩 부담 없을 정도로만 합니다. 처음부터 무리하면 금세 지쳐요. 저는 200일이 되도록 하루 1과씩 딱 3분만 했어요. 그러다 습관이 잡히자 욕심이 생기더군요. 요즘은 하루 3과 정도 10분 이상 공부합니다. 무리하지 말아요. 작은 성취를 꾸준히 맛보면서 조금씩 목표를 올리는 게 좋습니다.

듀오링고가 좋은 건 말하는 연습을 계속 시켜준다는 겁니다.《우치다 선생이 읽는 법》(우치다 다쓰루 지음, 박동섭 옮김, 유유)이라는 책에서 외국어 공부를 할 때 출력이 얼마나 중요한지를 배웠어요. 스와힐리어 40개 단어를 학습하고 두 가지 방법으로 암기력을 테스트하는 실험을 했어요. 첫 번째 집단은, 40개 단어를 전부 학습한 후에 테스트를 한 결과 하나라도 틀리면 다시 처음부터 40개 단어를 학습합니다. 40개 단어를 전부 암기할 때까지 전체 단어 테스트를 반복합니다. 이른바 성실한 집단입니다. 두 번째 집단은, 40개 단어를 전부 학습한 후 테스트해서 틀린 게 있으면 틀린 단어만 학습하고 틀린 단어만 테스트해요. 이른바 농땡이 집단이지요.

처음에는 두 집단의 성적에 별로 차이가 없어요. 40개 단어를 다

맞히는 데 걸린 시간이 거의 비슷합니다. 몇 주가 지나서 다시 테스트를 했더니 극적인 차이가 드러납니다. 성실한 집단의 정답률은 81퍼센트였고 농땡이 집단의 정답률은 36퍼센트였어요. 시간이 더 지날수록 두 집단의 차이가 커집니다. 왜 그럴까요? 학습은 뇌에 입력하는 것입니다. 테스트는 뇌에서 필요한 정보를 출력하는 겁니다. 자주 출력해야 내 것이 됩니다.

언어 공부는 색칠이 아니라 덧칠입니다. 40개의 단어를 전부 반복해 암기하는 것이 덧칠입니다. 문장 암기도 그래요. 모르는 부분만 복습하는 게 아니라 전체를 누적하면서 복습하는 게 최고의 학습법입니다. 진학이나 취업을 목표로 영어 공부를 했을 때 스트레스가 심합니다. 내 삶을 더 즐겁고 신나게 만들기 위한 방편으로 영어를 공부하면 스트레스가 줄어듭니다. '모월 모일까지 어떤 성적을 내기 위해서가 아니라 언제 어느 때고 써먹을 수 있을 정도의 영어 실력을 갖추겠다.' 이런 목표를 위해서는 매일 조금씩 덧칠하는 게 가능하죠.

영어를 한다면 원어민처럼 유창해야 한다 싶지요? 그런 생각이 핑계가 되어 아예 외국어를 멀리하게 만듭니다. 이건 서른 살 청년이 '죽도록 벌고 모아도 1000억 대 자산가가 될 일은 없으니 그냥 저축은 안 할 거야'라고 생각하는 거나 마찬가지예요. 저는 자산가가 아니라 그저 나이 오십 넘어 몸과 마음이 건강할 때 마음껏 여행

하고 아플 때 돈 걱정 안 하고 싶어서 꾸준히 아끼고 모았어요. 경제적 자유를 얻기 위해 저축을 하는 겁니다. 영어 공부도 그래요.

  1년 동안 일본어 공부를 했다고 하면, "이제 일본어 실력이 어느 정도 됩니까?" 하고 물어보는 분들이 있어요. 하루에 기껏 10~15분 공부한다고 얼마나 늘겠어요. 그래도 괜찮습니다. 이제는 취미로 외국어를 공부하거든요. 유학이나 해외 취업을 하려는 게 아니라 여행 다니며 불편하지 않은 정도면 충분하니까요. 무엇보다 공부를 하면서 매일 조금씩 성장한다는 기쁨이 더 크거든요.

하루 한 편 〈TED〉

영어 청취 공부는 역시 일단 많이 듣는 게 중요하지요. 옛날에 저는 영어 듣기 연습을 위해 단파 라디오를 사서 〈미국의 소리(Voice of America)〉 방송을 들었어요. 당시엔 음질도 좋지 않고, 라디오가 크고 무거워서 들고 다니기도 불편했습니다. 정각이 되면 FM 라디오로 AFKN에 주파수를 맞춰서 〈연합통신 뉴스(AP Network News)〉도 들었어요. 짧은 시간 내에 많은 정보를 전달하려고 그러는지 너무 빠르게 읽어 해석하기가 어렵고, 내가 이해한 내용이 맞는지 확인할 길도 없더군요.

그런데 요즘은 스마트폰 하나면 다 해결됩니다. 이렇게 영어 공부하기 좋은 시절이 있을까요? 유튜브나 앱을 이용해 즐겁게 영어 청취를 공부하는 방법을 알려드릴게요. 제가 애청하는 영어 콘텐츠는 〈TED〉인데요, 〈TED〉란 미국에서 시작된 강의 프로젝트입니다. '널리 알릴 만한 가치가 있는 생각들(Ideas Worth Spreading)'이라는 슬로건으로 18분 내외의 강의를 제공합니다. 교육적이고 교훈적인 강의 내용도 좋지만, 무엇보다 20분을 넘지 않는 분량이고 영어 표현에도 상당히 공을 들였거든요. 매일 하나씩 집중해서 공부하기에 참 좋습니다. 유튜브에도 있지만 프리미엄을 사용하지 않는다면 〈TED〉 앱(PC에서는 〈TED〉 웹사이트 이용)을 다운받으면 됩니다.

저는 〈TED〉 앱을 사용하는데요, 마음에 드는 강의를 찾은 후 우측 상단 다운로드 아이콘을 눌러 다운받습니다. 와이파이 환경에서 다운받은 강의는 'My Talks'에 저장되지요. 하루 한 편씩 들으면 딱 좋습니다. 동영상 재생 화면 하단에 보면 자막 아이콘이 있는데요, 인기 있는 영상은 한글 자막도 제공되지만 되도록 영어 자막과 함께 시청하시기 바랍니다. 듣기 공부에는 그편이 낫거든요.

맛보기로 추천 강의 몇 편 소개합니다. 유튜브나 〈TED〉 검색창에 연사 이름만 입력해도 나옵니다.

켄 로빈슨(Ken Robinson)

- 창의성을 어떻게 기를 것인가?(Do schools kill creativity?)

학교 교육이 아이들의 창의성을 죽인다는 다소 도발적인 강연인데요, 시종일관 유쾌하게 진행됩니다. 창의성을 어떻게 키울 것인가를 고민하신다면 꼭 한번 보세요. 〈TED〉에서 소문난 전설의 강의 중 하나입니다.

팀 페리스(Tim Ferriss)

- 두려움을 부수세요, 무엇이든 배울 수 있습니다
(Smash fear, learn anything)

'일단 한번 시도해보고, 실패한들 그게 뭐 대수겠어?'라는 자세만 지킨다면 세상에 무엇이든 배울 수 있습니다. 탱고든, 수영이든, 외국어든.

제이 워커(Jay Walker)

- 세계의 영어 광풍(The world's English mania)

전 세계 20억 인구가 영어를 공부하고 있습니다. 왜 그럴까요? 빠르게 세계화하는 중국에도 영어 광풍이 몰아닥치고 있죠. 그 현상을 살펴보세요.

줄리아 스위니(Julia Sweeney)

- '그 이야기'를 해야 할 때(It's time for 'The Talk')

한번 웃어보시라고 추천하는 강연입니다. 코미디언 줄리아 스위니가 딸과 함께 '동물의 짝짓기'에 대한 인터넷 동영상을 찾다가 생긴 일입니다.

마즈 조브라니(Maz Jobrani)

- 이란계 미국인에 대한 농담 들어보셨나요?
(Did you hear the one about the Iranian-American?)

9.11 사태 이후, 이란계 미국인으로 살아가는 애환에 대해 스탠딩 코미디로 풀어갑니다. 환경과 자아의 부조화가 이렇게 '웃픈지' 몰랐어요.

〈TED〉 강연이 뜨면서 베스트셀러의 저자들이 북 콘서트 삼아 〈TED〉 콘퍼런스를 찾는 일이 많아졌어요. 책 읽을 시간이 부족하다면, 〈TED〉를 찾은 유명 작가들의 강연을 통해 베스트셀러의 맛보기를 즐겨도 좋아요.

랜달 먼로(Randall Munroe)

- '만약에?'라고 묻는 만화(Comics that ask 'what if?')

《위험한 과학책》을 쓴 작가의 강연. 흔히 야구에서 빠른 공을 가리켜 '광속구'라는 말을 쓰는데, 투수가 진짜로 '빛의 속도'로 공을 던지면 어떤 일이 일어날까? 이 책은 2015년에 나온 과학책 중 쉽고 재미난 이야기로 좋은 평가를 받은 책입니다. 저는 이런 책을 좋아합니다. 어려운 얘기를 쉽게 풀어주는 책.

재레드 다이아몬드(Jared Diamond)

- 사회는 왜 붕괴하는가?(Why do societies collapse)

전설의 명저 《총, 균, 쇠》(재레드 다이아몬드 지음, 강주헌 옮김, 문학사상)의 저자 재레드 다이아몬드가 《문명의 붕괴》(재레드 다이아몬드 지음, 강주헌 옮김, 김영사)를 내놓고 강연한 내용입니다. 작가의 육성을 듣는 것만으로도 감동적입니다. 《문명의 붕괴》 역시 다이아몬드급 걸작입니다. 지속가능한 문명이란 과연 어떤 것일까, 책과 강연을 통해 고민해봅니다.

스티브 잡스(Steve Jobs)

- 죽기 전에 어떻게 살 것인가?(How to live before you die)

끝으로, 유명한 스티브 잡스의 스탠퍼드대학교 졸업식 축사를 소개합니다. 최고의 명연설 중 하나지요. 이 연설 한 편을 외우는 것도 좋은 영어 공부 방법입니다. 외우기가 힘들다 해도 원어로 한 번은 들어보세요.

출퇴근 시간이 길다면 〈TED〉 앱 깔고 강의 몇 편 다운로드 해두세요. 지하철이나 버스 안에서 영어 공부도 하고, 인생 공부도 하는 좋은 기회가 될 것입니다.

5장
결국, 영어는
자신감이다

> We are taught you must blame your father, your sisters, your brothers, the school, the teachers - but never blame yourself. It's never your fault. But it's always your fault, because if you wanted to change you're the one who has got to change.
>
> - Katharine Hepburn

공부의 밑천은 끈기와 자존감

《공부의 진실》(나카무로 마키코 지음, 유윤한 옮김, 로그인)의 저자는 교육 경제학자입니다. 우리가 잘 모르는 공부의 허상을 데이터를 통해 파헤칩니다. 그중 솔깃했던 대목은 자존감과 학습 능력에 대한 상관관계였어요. 흔히 자존감이 높으면 학습 능력도 높다고 생각해서 아이의 자존감을 키워주려고 하는데, 이는 의도치 않은 결과를 낳을 수 있답니다. 이를테면 성적이 낮은 아이에게 무턱대고 "넌 머리가 좋으니까, 마음만 먹으면 언제든지 잘할 수 있어"라고 칭찬하면 실력을 갖추지 못한 나르시시스트로 만들기 쉽다고 해요. 아이의 재능이 아니라 구체적으로 노력한 것을 높이 평가해주어야 한답니다. "넌 오늘 정말 열심히 공부했구나" 하고 그날의 구체적인 성과를 칭찬해야 합니다.

제가 느끼기에 외국어를 잘하는 재능이란 건 없습니다. 매일 영어 문장 10개씩 꾸준히 외운다면 그게 바로 재능 아니냐고 묻는 이도 있습니다. 하기야 그것도 재능이라면 재능이지요. 재능은 타고 나는 것 같지만, 사실은 그렇지 않아요. 책에 보면 교육에서 중요한 비인지 능력 두 가지가 나옵니다. 바로 자제심과 끈기입니다. 성공의 열쇠는 끈기입니다. 책에는 더크워스 교수의 6분짜리 〈TED〉 강의가 소개되어 있습니다.

앤절라 더크워스(Angela Duckworth)
- 그릿: 열정과 끈기의 힘
(Grit: The power of passion and perseverance)

재능과 끈기는 별개랍니다. 재능이 있어도 끈기가 없으면 성공은 힘들다지요. 실패는 영원히 지속되는 상태가 아닙니다. 노력하면 다음에는 반드시 성공할 수 있어요. 이걸 믿어야 끈기가 생깁니다. 실패를 두려워 말고 시작하고, 실패해도 훌훌 털고 다시 시작하는 거지요.

교육학자들이 연구한 바에 따르면, 인지 능력을 개선하는 데에는 연령적 한계가 있답니다. 어린 시절에 어떤 환경에서 자라느냐가 분명 영향을 미칩니다. 그런데 비인지 능력은 그렇지 않다는군요. 성인이 된 뒤에도 끈기는 얼마든지 키울 수 있어요.

끈기를 키우고자 할 때 마음가짐이 중요합니다. 영어는 조기 교육이 중요하다고 믿는 사람은 나이 들어 아무리 공부해봤자 영어가 잘 늘지 않아요. 영어가 늘지 않으면 언제나 핑계를 들어 쉽게 포기하거든요. "에이, 이미 늦었는데 이 나이에 무슨!" 하면서요. 문제는 이런 자세가 끈기라는 비인지 능력을 키울 기회마저 걷어찬다는 겁니다.

자존감과 끈기는 인생을 사는 데 가장 소중한 밑천입니다. 영어 암송 공부를 통해 영어 실력도 키우고, 자존감과 끈기도 키웁시다.

진화의 법칙을
거스르지
마라

저는 걷기 여행을 좋아해서 제주도 올레길을 자주 걷습니다. 하루는 산속에서 길을 잃고 무성한 풀밭에 들어섰어요. 발아래를 보니 풀이 빼곡해서 땅이 전혀 보이지 않았어요. 순간 저는 두려움에 몸이 얼어붙어 한 발짝도 앞으로 나갈 수가 없었습니다.

"조심해! 거기 뱀이 있어!"

머릿속에서 누가 외치는 것 같았어요. 발을 디디면 풀 속에 있는 뱀을 밟아 바로 물릴 것 같았지요. 사실 이것은 내 속에 있는 수십만 년 전 원시인의 외침입니다.

《오래된 연장통》(전중환 지음, 사이언스북스)이라는 진화심리학 책에 따르면, 우리의 마음은 오랜 세월에 걸쳐 진화가 만들어온 산물이랍니다. 생존에 유리한 게 무엇인지 일일이 따지자면 정신적으로 피로하니까, 생존에 유용한 습성을 무의식적으로 반응하는 본성으로 만들어둔 거죠.

인간은 수십만 년 동안 수렵·채집인으로 살면서 영양을 보충하기가 쉽지 않았지요. 가장 빠르게 에너지를 얻을 수 있는 영양소는 당분입니다. 그래서 단맛을 좋아하도록 입맛이 진화했다는군요. 상한 음식을 먹으면 탈이 나거나 죽는다는 것도 경험으로 깨달았어요. 그래서 썩은 내를 맡으면 아무리 배가 고파도 구역질이 나서 먹을 수 없게 되었고요. 수렵·채집인으로 살다 보면 다음 식량이 언제 생길지 알 수 없죠. 그래서 일단 먹을 게 있으면 최대한 먹고 보는 게 생존의 기술이 되었습니다.

냉장 기술과 농업 기술의 발달로 우리는 지금 인류 역사상 식량이 가장 풍족한 시대를 살고 있어요. 이제는 굳이 단것을 섭취하지 않아도 영양은 충분히 보충되고 있습니다. 끼니때마다 꼬박꼬박 식사할 수 있어요. 그러나 수십만 년 동안 설계된 심리적 본성을 이길 수 없어 단것만 보면 구미가 당기고, 필요 이상으로 과식하게 됩니다. 그러다 결국 고도 비만이나 당뇨에 시달리게 되고요. 수십만 년 동안 진화해온 우리의 몸과 마음은 지난 100년 사이에 이뤄진 세상의 변화를 여전히 따라잡지 못하고 있는 것 같아요.

걷기 여행을 즐기는 저에게 뱀보다 더 두려운 것은 도로를 질주하는 자동차입니다. 요즘은 뱀에 물려 죽는 사람보다 차에 치여 죽는 사람이 훨씬 더 많으니까요. 하지만 자동차는 생긴 지 100년도 안 됐기 때문에 차에 대한 두려움이 아직 본능으로 각인되지 않았습니다. 뱀이 무서워 풀이 무성한 산길을 걷는 건 두려워하면서, 정작 자동차가 쌩쌩 달리는 차도를 뛰어 건너는 것은 별로 겁내지 않습니다. 참 아이러니하죠.

우리가 소리를 듣고, 말을 하는 것도 수십만 년 동안 계속된 진화의 산물입니다. 모든 사람이 글을 읽고 쓰게 된 것은 비교적 최근의 일입니다. 진화심리학으로 보면 더 오래된 행위가 자연스럽고, 최근에 익힌 습성은 아직 각인되지 않았습니다. 듣고 말하기는 쉽고, 읽고 쓰기가 어려운 것이 이런 이치지요.

모국어를 읽고 쓰는 것도 듣고 말하기를 익히고 나서야 시작합니다. 그런데 왜 외국어는 읽고 쓰기부터 배울까요? 《영어 순해》(김영로 지음, 고려원)의 서문에는 이런 글이 나옵니다.

> 어느 것을 먼저 배워야 하는가, 말이냐 글이냐? 이 문제에 대해서는 아직도 의견이 일치하지 않는 것 같지만, 필자는 모국어를 배운 것처럼 외국어를 배우는 것이 가장 이상적인 방법이라고 생각합니다. 왜냐하면 말을 먼저 배우고 나면 그만큼 쉽게 글을 읽고 쓸 수 있지만, 글을 먼저 배우고 나서 말을 배우는 경우에는 말을 자연스럽게 하는 것이 일반적으로 어렵기 때문입니다.

이 책이 나온 것이 1983년도 일입니다. 그 시절에 이미 읽고 쓰기 위주의 제도권 영어 교육이 실제 언어구사력을 키워주지 못한다는 걸 알았던 것입니다. 하지만 우리는 아직도 학교에서 읽고 쓰기 위주로 배웁니다. 수능의 영어시험도 문법과 독해, 어휘력 위주고요. 이건 어쩔 수 없는 일입니다. 영어의 회화 능력 평가 비중이 늘어나고 듣기 평가 점수 반영이 높아지면 어려서 영어 사교육을 시키거나 조기 유학을 다녀온 아이들, 즉 구어체 영어에 익숙한 아이들이 높은 점수를 받게 됩니다. 교육이란 사회의 구조적 모순을 심화하는 게 아니라 기회균등을 추구하는 제도거든요. 그러니 어쩔 수 없이 학교 교육은 읽고 쓰기 위주로 이루어지고 수능 평가 역시 문어체 영어가 중시되는 겁니다.

그동안 영어가 힘들었던 이유는 언어를 거꾸로 배운 탓입니다. 이제 학교를 졸업했으니 수능을 볼 필요가 없어요. 말하는 것부터 시작하는 공부는 쉽고, 즐겁고, 잘됩니다. 진화의 순서대로 배우는 거니까요.

억지로 가르친다고 늘지 않는다

은퇴하기 몇 해 전, 초등학교 6학년생이던 조카의 숙제를 도와 준 적이 있습니다. 아이들이 관심 있는 직업인을 만나 인터뷰하는 게 과제인데, 방송사 PD를 인터뷰하고 싶다고 해서 아이들을 만나러 갔습니다.

초등학교 6학년 진로 탐색 과제인데, 스마트폰으로 인터뷰를 찍고 편집해서 동영상으로 과제를 제출한다기에 혀를 내둘렀습니다.

'요즘 아이들 정말 대단한걸!'

저는 PD가 되기 전에는 동영상 편집은커녕 촬영도 해본 적이 없거든요. 스마트폰으로 촬영하는 아이들이 무려 셋이나 되었어요.

'이런 인터뷰를 굳이 카메라 3대로 찍어서 편집까지 하나? 진짜 대단하네!'

그런데 아이들 셋이 서 있는 위치를 가만히 보니 저로부터의 거리가 비슷하더군요.

'저렇게 찍으면 인물 사이즈의 차이가 없어 편집이 쉽지 않을 텐데?'

카메라 3대를 돌릴 때 기본 콘티는, 한 명은 떨어져서 질문자랑 저랑 둘이 같이 보이는 풀샷을 찍고, 또 한 명은 가까이에서 저만 찍고, 나머지 한 명은 90도 각도에서 질문자를 찍어야 편집이 용이합니다. 같은 위치, 같은 거리에서 찍으면 앵글과 사이즈가 다 비슷해 편집이 어렵지요. 차마 아이들의 작업에 간섭은 못 하겠고, 속으로 '어떻게 편집하려고 저러지?' 궁금해했어요. 나중에 조카의 말에 의문이 풀렸습니다.

"삼촌, 얘들 스마트폰으로 게임해요!"

알고 보니 촬영은 한 명만 하고 나머지 둘은 촬영하는 척 스마트폰으로 게임을 하고 있었어요. 그 순간, 맥이 탁 풀렸습니다. 바쁜 와중에 어렵게 시간을 내어 간 건데 아이들은 게임을 하고 있다니.

중·고등학교에서 진로 특강 요청이 많이 들어옵니다. 저는 공대를 나와 영업사원으로 일하다 예능 PD가 되었고 나이 마흔에 드라마 PD로 이직했어요. 나이 오십에도 저의 진로 탐색은 멈추지 않아요. 퇴직 후 전업 작가가 되기 위해 매일 책을 읽고 꾸준히 블로그에 글을 올립니다. 학교에서 진로 특강 요청이 오면 저는 먼저 꼭 물어봅니다.

"대상 학생들은 어떻게 되나요?"

학교 수업 시간을 이용해 강당에 전교생을 모아놓고 하는 강의라면 왠지 의욕이 떨어집니다. 의무적으로 수업을 듣는 학생들은 주의가 산만해서 강의하는 이나 듣는 이나 재미가 없거든요. 지원자들만 따로 모은 방과 후 특강에 가면 펄펄 납니다. PD가 되고 싶다는 아이들은 눈을 빛내면서 제 이야기를 듣습니다. 아이들의 열성을 보면 저도 더 신이 나서 강의를 하고요.

공부는 자기 주도성이 가장 중요합니다. 방송사 PD를 만나 아무리 재미난 이야기를 들어도, 그 직업에 관심이 없다면 차라리 그 시간에 스마트폰 게임을 하는 게 나아요. 영어 공부도 마찬가지입니다. 어릴 때 영어의 중요성을 모른다면, 학원에 가서 백날 앉아 있어도 공부는 되지 않습니다. 비싼 학원 보낸다고 해결되는 것도 아니에요.

언어는 학원에서 가르친다고 저절로 느는 게 아닙니다. 직접 문장을 외우고 말로 표현하는 적극적 노력 없이는 쉽게 늘지 않습니다. 오히려 학원에 가지 않고도 혼자 열심히 하면 충분히 잘할 수 있는 게 영어입니다.

어릴 때 영어는 우리에게 시험 과목이었지요. 그래서 늘 스트레스의 주범이었어요. 하지만 영어는 의사소통의 도구이자 문화의 도구입니다. 어른이 되어 책을 읽고, 만화를 보고, 영화를 보며 즐겁게 배울 수 있습니다. 무엇이 재미있고 재미없는지 어른이 되면 다 알 거 같지요? 꼭 그렇지만은 않습니다. 자신이 무엇을 할 때 가장 즐거운가, 그것을 찾는 게 진짜 공부입니다. 아이든 어른이든 말이지요.

나이 들어 시작해도 늦지 않다

통역사 출신이라고 하면 사람들이 물어봅니다.

"영어, 언제부터 공부하셨어요?"

진짜 하고 싶은 질문은 이것일 겁니다.

"나이 들어 영어 공부를 시작해도 잘할 수 있을까요?"

제가 본격적으로 영어 공부를 시작한 건 대학에 입학한 후입니다. 외국어는 어른이 되어 배우기 시작해도 늦지 않습니다. 일본어는 나이 마흔에 히라가나부터 외웠어요. 그래도 일본어 회화를 어느 정도 구사하기에 일본에 여행 가도 불편함이 없습니다. 은퇴 후 전 세계로 여행을 다니고 있는데, 어느 곳에 가도 불편함이 없도록 세계에서 많이 쓰는 영어·일본어·중국어·스페인어·프랑스어 5개 외국어로 말하는 게 제 목표입니다. 새로운 외국어를 독학으로 공부하려는 사람에게 나이는 숫자에 불과합니다.

외국어는 무조건 어려서 배워야 잘한다고 믿는 분도 있지만, 조기 교육은 득보다 실이 더 많습니다. 경제적 비용이 너무 많이 들고, 모국어 사용 능력이 약해지며, 아이의 자존감마저 꺾습니다.

먼저 돈 얘기부터 좀 해보죠(짠돌이에겐 최고의 관심사입니다). 다들 아이가 어릴 때 외국에 나가 영어를 가르치는 게 가장 좋다고 생각합니다. 조기 유학 붐이 불어댔죠. 엄마가 아이를 데리고 1년 다녀오면 1억이 넘는 돈이 듭니다. 여덟 살에 미국에서 1년 살다 오면 영어는 늘 것입니다. 그 시절에는 언어를 스펀지처럼 흡수하니까요. 하지만 돌아오면 한국어를 흡수하는 것도 그만큼 빠르죠. 결국 영어는 잊어버리게 됩니다. 그대로 두면 1억을 그냥 날리게 될까 봐 하루 3시간씩 영어 학원에 보냅니다. 귀국자녀반이라고 아예 집중 코스도 있어요. 한 달에 100만 원이 넘는 고액 학원도 있답니다. 그래도 미국 다시 보내는 것보다는 싸죠.

보통은 아이가 미국으로 다시 보내 달라고 조릅니다. 외국에서 자유로운 학교 분위기를 맛본 아이에게 한국의 학교생활은 지옥입니다. 학교 수업, 영어 학원, 수학 과외 사이에서 뺑뺑이를 돌다 녹초가 됩니다. 결국 아이는 다시 엄마의 손을 잡고 외국으로 유학 떠나고, 아빠는 홀로 남아 돈을 벌어 부치지요. 나중에 만나도 영어가 안 되는 아빠와 한국어를 잊은 아이의 상봉은 그냥 남북 이산가족 상봉처럼 애틋하기만 할 뿐입니다. 아이들 조기 유학 때문에 헤어져 사는 이산가족이 너무 많아요.

《돈 버는 선택 돈 버리는 선택》(잭 오터 지음, 이건 옮김, 부키)이라는 책을 보면, 경제란 선택의 학문이라는 말이 나옵니다. 어떤 선택을 해야 비용 대비 효과가 클까? 책에는 이런 딜레마가 나옵니다.

자녀 학비 마련이 먼저일까? vs. 은퇴 자금 마련이 먼저일까?

답은 추락하는 비행기를 타고 있는 경우와 같답니다. 비행기 탑승 중에 위기가 발생하면 산소마스크가 내려옵니다. 안내서를 보면 노약자보다 자신이 먼저 쓰라고 되어 있죠. 다급한 마음에 아이에게 마스크를 씌우려고 실랑이를 하다 부모가 산소 부족으로 정신을 잃으면 아이를 돌봐줄 어른이 없어, 결국 부모와 아이 둘 다 죽습니다. 부모가 먼저 마스크를 쓴 후 침착하게 아이의 마스크를 씌워줘야 합니다.

교육비 지출도 마찬가지입니다. 부모가 먼저 살아야 합니다. 노후 대비 자금을 먼저 마련한 후, 여력이 있을 때 조기 유학도 보내고 영어 학원도 보내는 거죠. 아이들 학군 때문에 빚내서 집 사고, 사교육비 지출 때문에 저축도 변변히 못 했는데 부동산 버블이 터지기라도 한다면 어떤 일이 일어날까요. 자식에게 물려줄 게 빚밖에 없는 상황이 벌어지는 거예요.

인공지능의 시대, 취업은 갈수록 어려워질 것입니다. 교육비로

노후자금을 끌어다 쓴 탓에 나이가 들수록 부모는 가난해집니다. 그런 부모를 두고 자식이 자유롭게 꿈을 펼칠 수 있을까요? 자식에게 필요한 건 영어 조기 교육이 아니라 경제적으로 부담을 주지 않는 부모가 되는 것입니다.

영어는 어른이 되어 독학으로도 충분히 잘할 수 있습니다. 그런데 왜 다들 외국어는 조기 교육이 중요하다고 말할까요? 거기에 돈이 있기 때문입니다. 자본주의 사회에서는 돈이 되는 일이라면 누구나 목청을 높여 떠듭니다. 영어 조기 교육에는 돈이 많이 듭니다. 유학 알선이며 영어 학원이며, 그걸로 돈 버는 사람도 많습니다. 영어 조기 교육의 필요성을 목청 높여 외치는 사람은 많아도, 굳이 시키지 않아도 된다는 사람은 없습니다. 돈이 되지도 않는 일을 애써 떠드는 사람은 없으니까요.

단순히 돈 아끼자고 영어 조기 교육을 하지 말라는 얘기가 아닙니다. 어른이 되어 영어를 독학으로 공부하면 인생 최고의 필수 경쟁력까지 갖추게 됩니다. 바로 모국어 사용 능력과 자존감입니다.

탄탄한 모국어가
탄탄한 외국어를 ────

　수명 연장에 대한 강의를 들었습니다. 연사가 조선 시대 평균 수명을 표로 보여주었어요. 왕들의 평균 수명은 45세, 양반은 60세인데 비해 내시는 무려 70세였습니다. 저는 그 통계를 보고 '왕은 왕비와 후궁이 여럿이고 양반은 부인이 하나인데, 내시는 부인이 없구나. 부인의 수가 수명에 반비례하네. 결혼하지 않는 게 장수의 비결인가?' 하고 생각했습니다. 이건 전형적인 해석의 오류지요.

　강의하시는 박사님은 테스토스테론 과다가 남자의 수명 단축을 불러온다고 하셨어요. 남성 호르몬인 테스토스테론은 경쟁이 치열하거나 스트레스가 많을 때 수치가 올라간답니다. 치열한 경쟁 속에 사는 개체일수록 테스토스테론의 수치가 올라가는데, 내시가 오래 사는 이유는 신체적인 이유로 테스토스테론이 적기 때문이랍니다.

'아, 그렇구나. 남성 호르몬이 많으면 수명이 짧아지는구나. 결혼의 여부와는 관계가 없구나.'

현상을 바르게 해석하는 게 중요합니다. 제가 PD가 된 게 영어를 잘한 덕분이라고 생각하는 사람도 있습니다. 사실 영어랑 담쌓고 살다가 PD가 된 사람이 훨씬 더 많습니다. 저는 영어보다 국어 실력 덕에 PD가 되었습니다. 저는 영어보다 한국어를 훨씬 더 잘하거든요. 영어는 MBC 입사시험 1차 필기 과목 셋(국어, 영어, 상식) 중 하나일 뿐이에요. 1차를 통과한 후에는 영어 성적이 합격 여부와 별 관계가 없습니다. 2차 면접과 3차 합숙 평가는 오로지 한국어 말하기와 글쓰기로 결판이 납니다. 많은 사람이 취업에 영어가 중요하다고 생각하지만, 모국어가 영어보다 훨씬 더 중요합니다.

연애 한번 하려고 해도 모국어 사용 능력이 절실합니다. 사람을 만난 자리에서 상대를 즐겁게 해주는 화술도 갖춰야 하고, 재미난 문자로 웃길 수 있는 글 감각도 있어야 합니다. 연애는 소통을 통해 이루어집니다. 말발과 글발, 모두 필요한 게 연애지요.

이런 모국어 실력은 언어형성기에 길러집니다.

언어형성기: 개인의 언어적인 특징이 형성되는 시기. 특히 발음, 강세, 억양과 관련된 습관이 고정되는 4~12세를 이른다.

저는 어려서부터 유시민 작가가 쓴 책을 좋아했어요. 유시민 작가는 우리 시대의 대표적인 지식인으로 말과 글이 다 유창하지요. 그는 대학 졸업하고 서른이 넘은 나이에 독일로 유학 가서, 그때 처음 독일어를 정식으로 배웠다고 해요. 그렇지만 독일어로 박사 논문을 쓰는 데 별 어려움이 없었답니다. 연구하고 논문을 쓴다는 것은 자신의 논리를 만들고 다른 이들에게 설득하는 일인데 그 바탕이 바로 모국어 실력이라는 것이지요. 《유시민의 글쓰기 특강》(유시민 지음, 생각의길)을 보면 '모국어가 중요하다'라는 글이 있습니다.

> 무엇보다도 자기 머리로 생각하는 능력이 중요하다. 그래야 창의적으로 생각하면서 주체적으로 살아갈 수 있다. 어린이 영어몰입교육은 우리말로 생각하는 능력을 훼손할 수 있다. 언어는 단순한 말과 글의 집합이 아니다. 언어는 생각을 담는 그릇이다. 말하고 글 쓰는 것뿐만 아니라 생각하는 데에도 언어가 있어야 한다. 모국어를 바르게 쓰지 못하면 깊이 있게 생각하기 어렵다. 생각을 제대로 하지 못하면 외국어도 잘하기 어렵다.

2016년 봄, 알파고와 이세돌의 대결을 보고 느낀 점이 있어요. 인공지능이 산업 전반에서 활약하게 될 몇 년 후, 그 시대를 살아가려면 창의성이 필수입니다. 창의성이란 자신만의 사고를 하는 능력인데, 정확한 모국어가 바탕이 돼야 창의력도 발휘할 수 있어요. 머리가 아무리 좋아도 자신의 생각을 표현하지 못한다면 무슨 소용이 있겠습니까. 책을 읽고 이해하는 학습 능력 역시 탄탄한 모국어를 기반으로 길러집니다. 생성형 인공지능이 활약하는 시대도 마찬가지입니다. 챗GPT의 도움을 받아 매끄러운 글을 생산하는 능력보다 자신만의 이야기를 하는 것이 차별화에 성공하는 길입니다.

  어른이 되도록 영어 하나 못한다고 자괴감을 느끼는 사람도 있습니다. 원래 어려서는 모국어 하나 잘 배우는 게 가장 중요합니다. 모국어의 틀이 잡혀 있으니 외국어를 배우기도 쉽습니다. 어른이 되어 영어 공부를 한다고 모국어 사용 능력이 떨어지지도 않아요. 탄탄한 제1언어가 있어야 제2언어도 배울 수 있는 겁니다. 어려서 배우는 영어는 빠르고 쉽게 느는 것 같지요. 위험천만한 선택입니다. 모국어의 희생 위에 이루어지기 때문입니다. 진짜 외국어 공부는 어른이 된 후에 하는 게 더 적기인 듯합니다.

작은 성취감이
인생의
밑거름이 된다 ─

고등학교 진로 특강에 가면, 아이들에게 고교 시절 제가 왕따였다는 얘기를 해줍니다. 고교 시절에 죽을 것 같이 힘들어서 자살을 시도한 적이 있다는 것도요. 아이들이 "뭐가 그렇게 힘들었어요?"라고 물어보면 저는 이렇게 얘기합니다.

"부모님이 하는 말 중 가장 듣기 싫은 소리가 뭐예요? '우리 친구 아들, 우리 친구 딸' 아닌가요? 엄마가 나를 다른 사람과 비교하면 참 힘들지요? 저는 부모님이 두 분 다 학교 선생님이셨어요. 그래서 걸핏하면 '우리 학교 전교 1등은 말이야' 하고 얘기하셨죠. 여러분의 비교 대상은 엄마 친구 아들이지만 저의 비교 대상은 아버지 학교 전교 1등이었어요."

그러면 아이들이 '아, 저 아저씨, 진짜 힘들었겠다' 하며 저를 안

타까운 표정으로 쳐다봅니다.

"심지어 저는 공부를 그리 잘하지도 못했어요. 고등학교 내신 등급이 10등급 중 5등급, 반에서 50명 중 22등이었죠. 외모로는 반에서 가장 못생긴 아이로 뽑힌 적도 있고요. 부모, 공부, 외모 이 세 가지 고민 탓에 죽어버릴까 한 적이 있어요. 혹시나 여러분 중에 그런 문제로 고민하는 사람이 있다면 해결방법을 알려드릴게요. 그 세 가지 고민은 한 가지 방법으로 해결됩니다. 뭘까요?"

아이들이 눈을 똥그랗게 뜨고 쳐다봅니다.

"그냥 살면 돼요. 하루하루 살면서 나이 들어가면 됩니다. 중·고교 시절에는 학교 성적이 중요하지요? 학창 시절에 유일하게 사람을 평가할 수 있는 기준이 성적이니까 그걸로 줄을 세우지요. 그렇지만 어른이 되면 각자 자신이 가진 다양한 능력으로 먹고살 수 있어요. 절대 공부가 인생의 전부가 아니에요. 청소년기에는 외모가 다인 것 같지요? 잘나고 예뻐 봤자 나이 마흔이 넘으면 다 아저씨고 아줌마예요. 잘나 봤자 거기서 거기지요. 부모님 문제는요, 어른이 되면 절로 해결됩니다. 나이 스물이 넘어서도 부모와 갈등이 있다면 그건 더는 여러분 잘못이 아니에요. 부모가 이상한 겁니다. 나이 스물이 넘으면 자식도 어른이거든요? 함부로 남의 삶에 참견해서는 안 되는 거죠."

귀 기울이는 아이들에게 마지막 당부로 이야기를 맺습니다.

"지금은 여러분 뜻대로 할 수 있는 일이 많지 않아 힘들 겁니다.

대학에 가고 스무 살이 넘으면, 한 사람의 어른으로서 자신의 선택에 따라 인생을 살 수 있어요. 그때는 무엇이든 하나의 목표를 정하고 그것을 성취하는 성공의 기억을 꼭 만들어 보길 바랍니다. 공부를 못한다는 데 대해서는 핑계가 있어요. 내가 원한 일이 아니니까. 하지만 적어도 자신이 하고 싶다고 마음먹은 일은 절대 포기하지 말고 끝까지 해내세요. 그런 기억이 여러분의 인생을 단단하게 만들어주는 주춧돌이 되거든요."

영어 공부를 한 후, 저는 삶에 자신감을 얻었습니다. 마음먹은 일은 무엇이든 해낼 수 있다는 자신감. 어린 시절에는 공부가 적성에 맞지 않으면 못할 수도 있지요. 사람이 모든 과목을 다 잘할 수는 없잖아요? 그런데도 수능시험은 단 한 과목도 포기할 수 없게 만들어요. 모든 과목을 다 잘하려니 얼마나 힘들겠어요. 공부를 잘하려면 모든 것을 잘해야 하지만, 어른이 되면 자신이 좋아하는 일 딱 하나로 승부를 걸 수 있습니다. 내가 좋아하는 취미나 특기가 나의 일이 됩니다. 외모 때문에 주눅 드는 일도 줄고 아버지가 잔소리해도 상처받지 않아요. 그냥 자기가 하고 싶은 일을 열심히 하면서 살면 됩니다. 부모님의 뜻을 좇아 불행하게 사는 것보다 자신이 하고 싶은 일을 하며 행복하게 사는 게 진정한 효도라고 생각해요.

20대 이후 우리는 비로소 온전히 나의 인생을 살 수 있어요. 어른이 되면 절대적인 목표 하나를 세우고 성취하는 기억을 얻는 게 중요합니다. 그것이 영어 공부라면, 그냥 책 한 권을 정해놓고 외우면 됩니다. 다른 사람과 경쟁하는 상대적인 목표가 아니에요. 나 혼자 열심히 하면 충분히 달성할 수 있는 목표를 세워야 합니다. 그때 맛본 성취감이 인생을 사는 데 가장 큰 밑천이 될 테니까요.

사소한 일상은
사소하지 않다

    일과 놀이가 하나 되는 경지, 누구나 꿈꾸지만 쉽지는 않습니다. 일을 놀이처럼 접근하기가 어렵거든요. 그래서 저는 일을 놀듯이 하기보다, 놀이를 일처럼 합니다. 어떤 일이든 열심히 하면 잘하게 되고, 잘하는 일은 직업으로 전환할 수 있습니다. 저한테는 영어가 딱 그랬어요. 취미 삼아 공부를 시작했는데 통역사라는 직업으로 연결됐어요. 영어 공부를 하며 '몰입의 즐거움'을 맛본 덕분이지요. 한 번 사는 인생, 어떻게 살아야 잘 사는 것일까요? 몰입의 즐거움이 중요합니다. 몰입은 어떻게 맛볼 수 있을까요?《몰입의 즐거움》(미하이 칙센트미하이 지음, 이희재 옮김, 해냄)에 잘 소개되어 있어요.

    몰입은, 쉽지는 않지만 그렇다고 아주 버겁지도 않은 과제를 극복하는 데 한 사람이 자신의 실력을 온통 쏟아부을 때 나타나는 현상이다.

영어를 독학으로 배우는 건, 쉽지는 않지만 그렇다고 아주 버겁지도 않은 과제입니다. 20대에 영어를 공부한 것이 몰입을 연습하는 좋은 방법이었어요. 물론 여기서 중요한 것은 자율성입니다. 누가 시켜서 억지로 하는 공부에서 몰입을 맛보기란 쉽지 않거든요.

어떤 일을 하는 목표는 그 일 자체여야 합니다. 성과를 염두에 두고 일을 시작하면 세 가지 장애물이 나타나요. 첫째 반드시 성공해야 한다는 압박감이 따르고, 둘째 실패했을 때 보람을 느끼기 힘들고, 셋째 일을 하는 과정이 즐겁지가 않아요.

제겐 영어가 놀이였어요. 미국 시트콤을 즐기고, 소설을 읽는 능동적 여가 말이죠. 다만 그걸 즐겁게 하기 위해서는 처음에 회화책을 외우는 과정이 필요합니다. 복잡한 활동은 시동을 걸기는 어렵지만, 그 단계만 잘 넘기면 일과 놀이의 경계가 사라지는 아주 행복한 경지에 이르게 됩니다. 고생스러운 단계를 통과하려면 분명한 목적이 있어야 합니다. '나는 왜 이걸 하고 있는가?'

PD란 직업에 관심을 가진 학생들을 만나면 하나같이 직업의 보람을 이야기합니다. 유명한 배우들을 만나고, 제작발표회에 나가 감독 인터뷰를 하는 멋진 장면만 생각합니다. 드라마 감독의 일상은 사실 매우 지루하고, 매우 힘이 듭니다. 같은 장면을 카메라 위치를 옮겨가며 밤을 새워 반복해서 찍습니다. 그 단순한 작업을 무수히 반복해야 하나의 장면, 하나의 에피소드, 한 편의 드라마가 완성됩니다. 작품의 질은 디테일이 만들고 디테일이란 사소한 것까지 주의를 기울이는 것입니다. 그러므로 일을 잘하고 싶은 사람은 사소한 일에도 집중하는 습관을 길러야 합니다.

영어를 잘한다는 것은 작은 표현을 하나하나 모으는 일입니다. 단어 하나, 문장 하나는 별것 아니지만 그것이 모여서 영어의 틀을 세웁니다. 인생은 결국 작은 순간 하나하나가 모여 이루어지는 게 아닐까요?

제게는 블로그가 경험을 수집하는 원천입니다. 매일매일의 일상을 기록하는 이에게는 하루 24시간 매 순간이 보물 창고입니다. 책도 그냥 읽고 지나치기보다, 블로그에 소개하기 위해 밑줄을 그어 가며 읽으니 몰입의 즐거움이 더해집니다. 여행을 가서도 블로그에 남길 단상을 찾아 풍경을 찾고 사람을 관찰합니다. 아, 세상에는 재미난 일이 왜 이리 많을까요?

몰입을 경험하기 위해서는 뚜렷한 목표를 가지는 게 좋다. 목표를 달성하는 게 중요해서라기보다는 목표가 없으면 한곳으로 정신을 집중하기 어렵고 그만큼 산만해지기 쉽기 때문이다. 등반가가 정상에 오르겠다는 뚜렷한 목표를 내거는 이유는 꼭대기에 못 올라가서 환장을 했기 때문이 아니라 그런 목표가 있어야 등반에서 충실한 경험을 할 수 있기 때문이다. 정상이 없는 등반은 무의미한 발놀림에 지나지 않으며 사람을 불안과 무기력에서 헤어 나오지 못하게 할 것이다.

예전에 자전거로 출퇴근할 때, 야근 끝나고 25킬로미터를 달리면 녹초가 됩니다. 그때 이렇게 생각합니다.

'나는 지금 자전거 세계 일주를 위한 전지훈련 중이다.'

자전거 출퇴근에 의미를 부여하는 데 이만한 동기도 없어요.

영어 문장을 외우는 사소한 일상이라도 그 일상에 위대한 의미를 부여하는 게 중요합니다. 왜 영어를 공부하시나요? 세계 일주든 은퇴 이민이든 노후 취업이든 즐거운 꿈을 가슴에 품고 달리시기 바랍니다.

영어 덕택에
인생이
더 즐겁다

　이제 이 책의 종착역에 다가가고 있습니다. 그런데 이 책을 읽으면서 영어 교육 전문가도 아닌 사람이 영어 공부법에 대해 책을 쓴다니 좀 엉뚱하다고 느끼실 수 있습니다. 저는 원래 좀 이랬습니다. 대학 4학년 때는 상태가 더 심했어요. 대학을 다니던 1980년대 말에는 영어를 열심히 공부하는 사람이 별로 없었어요. 다들 '미제 타도(미 제국주의 타도)' '양키 고 홈(미군 철수)'을 외치는데, 저는 혼자 AFKN을 끼고 살았습니다. 제가 보기에 영어는 미군들이 쓰는 말이 아니라, 다가올 세계화 시대에 국제 공용어였거든요.

　1980년대 말, 《제3의 물결》(앨빈 토플러 지음, 원창엽 옮김, 홍신문화사)과 《권력이동》(앨빈 토플러 지음, 한국경제신문), 《메가트렌드 2000》(존 나이스비트 지음, 한국경제신문) 같은 책들을 읽어보니 다가올 21세기는 정보 혁명의 시대라더군요. 교통과 통신이 발달하면서 시장이 단일화되고 국가 간의 교류가 더욱 확대된다고. 국가 간 무역과 정보 교류가 늘어나면 영어가 필수 언어가 되겠다는 생각에 영어를 공부했습니다. 다들 토플을 공부할 때 저는 토익시험을 준비했습니다. 학술 영어는 미국 가서 박사를 딸 사람한테나 필요한 거고, 앞으로는 비즈니스 영어가 주목받는 시기가 올 것이라 생각했거든요.

1991년 한양대에서 본 토익에서 915점 받고 전교 1등을 했는데, 이건 제가 잘했다기보다 다들 그만큼 토익 공부를 안 했다는 거였죠. 1992년에 졸업하면서 효성물산에 입사 지원했는데, 지원서에 토익 성적표를 첨부했더니 접수하는 직원이 떼어내 쓰레기통에 버리더군요. "지정한 서류 외에는 받지 않습니다"라면서요. 내가 그 점수 따려고 얼마나 공부했는데!

어쨌든 다독하는 습관 덕에 운 좋게 세상의 흐름을 미리 읽을 수 있었어요. 남들보다 먼저 영어를 공부한 덕에 능통하게 되었는데, 나 혼자 잘하고 말기엔 너무 아깝더라고요. 영어가 왜 중요한지, 영어를 독학으로 공부하려면 어떻게 해야 하는지 알려야겠다는 생각에 '영어 잘하는 비법 특강'을 열었습니다. 지금 생각해보면 정말 웃기는 일이지요. 당시 한양대 중앙도서관 열람실 앞 게시판에는 이런 메모들이 붙어 있었어요.

'67번 자리 오후 1시부터 5시까지 빕니다.'

'무석아, 리포트는 97번 현철이 자리에 갖다 놨다.'

그 메모 옆에 집에서 컴퓨터로 프린트한 전단을 갖다 붙였습니다.

'영어 완전 정복! 독학으로 영어를 마스터하는 비법을 알려드립니다. 공학관 건물 105호 강의실 매주 월요일 오후 5시.'

대학 4학년이던 저는 방과 후 빈 강의실에서 특강을 열었습니다. 말하기, 듣기, 읽기, 쓰기 분야별로 나누어 4주에 걸쳐 영어 학습 방법을 강의했어요. 지금 생각하면 정말 낯이 화끈거리는군요. 제가 뭐라고 그런 강의를 했는지. 첫 회에는 스무 명 정도 왔는데 그중 절반은 동아리 후배들이었어요. 영어에 미친 선배에 대한 예우 차원에서 왔을 겁니다. 특강에 대한 반응이 저조해서 갈수록 사람이 줄더군요. 마지막 시간에는 몇 명 안 왔어요. 왜 그랬을까요?

방법이 너무 어려웠어요. 영어 청취를 잘하려면 받아쓰기를 하고, 회화를 잘하려면 책을 외우라고 했더니 다들 혀를 내두르고 돌아가 버렸습니다. 무슨 대단한 비법이 있는 줄 알고 왔는데 그냥 들입다 외우라는 소리를 하니 실망한 거죠. 당시엔 특별히 영어를 잘하지 않아도 취업에 문제가 없던 시절이니 더 그랬을 거예요. 마지막 특강을 마치고 빈 강의실에 혼자 남아 좌절했습니다.

'앞으로 인생에는 이게 정말 필요할 텐데! 조금만 하면 금세 영어가 느는데, 왜 다들 이걸 몰라줄까!'

덕후의 삶이 원래 그렇지요. 첫째, 남들이 좋아하지 않을 때 먼저 좋아합니다. 둘째, 남들이 적당히 할 때 혼자 미친 듯이 합니다.

마지막에는, 그 재미난 일을 남들에게 알리려고 난리를 칩니다. 남들이 그 재미를 몰라주면 어떻게 하나요? 그냥 혼자서 그 재미난 것을 계속 즐기면 됩니다. 그래서 유럽으로 배낭여행을 갔습니다. 거기서 또 혼자 새삼 느꼈죠. '영어를 잘하면 이렇게 좋은 걸.'

20대에는 의욕만 앞세웠다가 실패했습니다. 이제 나이 오십이 넘어 은퇴를 했으니 새롭게 시도해봐야죠. 20대에 실패했으니 다신 안 해야지, 그런 건 덕후의 자세가 아닙니다. 될 때까지 해봐야지요. 영어도 될 때까지 하면 다 됩니다. 하다가 마니까 안 되는 거죠.

대학 시절 특강이 망한 이유는 무엇일까요? 재미가 없었기 때문입니다. 공부하는 방법이 너무 어려웠어요. 그 시절 나는 영어를 잘해야 한다는 당연한 사명감(내게만 당연한!)에 너무 기울어 있었습니다. '영어는 이렇게 중요하니, 힘들어도 해야지!' 그래서 공부하는 사람의 재미와 능률을 소홀히 했습니다.

이 책을 쓰면서 고민을 많이 했습니다. 어떻게 하면 영어 공부 비법을 제대로 알릴 수 있을까? 대학 4학년 때, 저는 책에서 읽은 이야기로 사람들을 자극했습니다.

'이런 세상이 온다고 합니다. 영어, 공부해야 합니다.'

겪어보지도 않았으면서 책에서 읽은 얘기를 앵무새처럼 반복한 겁니다. 그러니 얼마나 공허했을까요. 나이를 먹을 만큼 먹었으니, 이제 살면서 겪은 내 얘기를 할 수 있게 되었습니다.

'그래, 내가 가장 잘 아는 이야기, 나에 대한 이야기로 영어 공부에 동기부여를 해보자. 영어 공부 덕에 내가 얼마나 재미난 직업을 얻었는지, 영어 덕에 얼마나 인생이 즐거워졌는지, 영어 덕에 어떻게 은퇴 후 짝수달마다 해외여행을 다니게 되었는지 그런 걸로 글을 써보자.'

영어를 잘하면 즐길 수 있는 것이 정말 많아집니다. 인터넷에 올라온 많은 글을 재미나게 읽을 수 있고, 재미난 유튜브 영상을 즐길 수 있고, 세계 어디로든 여행을 떠날 수 있습니다. 더 많은 사람이 영어 공부를 즐겼으면 좋겠어요. 그 욕심에 저도 다시 한번 도전합니다. 이번엔 잘되기를!

학원 똑똑하게 활용하는 법

외국어는 독학으로 충분히 공부할 수 있다고 믿는 편인데, 그런 제게 좌절을 안겨준 언어가 있습니다. 바로 중국어지요. 《가장 쉬운 중국어 첫걸음의 모든 것》이라는 책을 사서 본문에 나오는 회화 문장을 모두 외웠습니다. 싱가포르 여행을 갔을 때, 자신 있게 중국어로 물어봤어요.

"쩌거 차이 하오츠마?(이 요리 맛있나요?)"

"취 래플스판디엔, 쩐머 쪼우?(래플스 호텔에 어떻게 가나요?)"

다들 멀뚱멀뚱한 표정으로 쳐다만 보더군요. 답답해서 다시 영어로 물어야 했어요. 작전상 후퇴!

제주도 올레길 걸으러 갔다가 제주 시내에 있는 찜질방에서 잔 적이 있어요. 저는 국내 여행 가면 호텔 대신 찜질방을 애용합니다. 걷기 여행 마지막 날, 한증막에서 땀을 뺀 다음 수면실에서 푹 자는 게 짠돌이 배낭여행의 비법이지요. 그런데 그날은 중국인 단체 관광객들이 몰려드는 바람에 제대로 자기가 힘들었어요.

'중국인들은 왜 저렇게 목소리가 크지?'

그런데 중국어를 배워보니 알겠더군요. 중국어는 같은 발음이라도 성조에 따라 뜻이 달라지니까 무조건 크고 또렷하게 말해야 합니다. 우리말로는 '쯔'나 '츠'에 해당 하는 발음도 zh, ch, z, c, j, q 등 무려 여섯 개나 돼요. 이게 혀를 어느 정도 굴리느냐에 따라 구분되니까 무조건 목소리를 크게 해야 하는 거지요.

중국어는 독학이 쉽지 않음을 깨닫고 학원에 다니기로 했습니다. 중국어 학원에 가서 열심히 떠들었더니 원어민 선생이 웃으며 발음기호와 성조부터 다시 배우라고 하더군요. 그래서 새벽반 직장인 수업을 들었습니다. 회화 학원에 다녀보니 나름 재미있더군요. 중국어 실력은 아직 보잘것없지만, 회화 수업을 활용하는 법에 대해서는 몇 가지 깨달은 바가 있어 적어볼까 합니다.

1. 학원 수업보다 예습·복습이 더 중요하다

중국어 학원에 다니는 직장인들은 모두 대단한 사람들이었어요. 밤늦게까지 야근하고, 회식하고, 출장 다니는 와중에 출근 전 시간을 내어 학원에 온 것이더군요. 아침에 일어나기도 힘든데, 1시간 일찍 일어나 학원까지 다니려니 얼마나 힘들었을까요. 그래서인지 그들에게 중국어 공부는 학원 출석이 전부였습니다.

그러나 학원 수업만 들어서는 실력은 늘지 않고 스트레스만 늘어납니다. 예습이나 복습 없이 수업만 듣는 건 영화를 보는 것과 같습니다. 그냥 아는 단어는 들리고 모르는 단어는 계속 몰라요. 원어민 선생이 라이브 공연을 하고 학생은 구경만 합니다. 학생 본인은 노력한다고 생각합니다. 실제로 하루 1시간 이상 시간을 내어 학원에 다니는 건 대단한 노력이니까요. 하지만 들인 공이나 돈에 비해 실력은 늘지 않습니다.

학원 수강으로 효과를 보려면, 적어도 1시간은 예습을 해야 합니다. 그날 배울 표현을 미리 외우고 가야 해요. 어느 정도 입안에서 맴도는 정도는 되어야 선생이 질문했을 때 바로 답할 수 있거든요. 회화 학원에서 '프리 토킹'이라는 걸 하지만, 진짜 프리 토킹은 아닙니다. 특히 초급반의 경우가 그렇습니다. 그냥 말 시키면 다들 꿀 먹은 벙어리가 되기에 대부분의 회화 선생이 그날 배운 회화 주제 안에서 질문을 던집니다. 그날 교재의 주제가 취미라면 학생의 취미에 대해 묻고, 주제가 직업이라면 일에 대해 묻는 거지요.

예습을 하면서 단원에 나오는 내용에 대해 자신의 경우를 대입해 미리 작문해둡니다. 챗GPT에게 비슷한 상황에서 자주 쓰이는 영어 표현을 물어봐도 좋아요. 직업이 PD면 '방송사'가 영어로 뭔지, '드라마를 만든다'라는 표현이 영어로 어떻게 되는지 미리 공부해둡니다. 그래야 수업 시간에 답을 할 수 있어요. 강의실에서 단어를 떠올리고 문법을 조합해서 문장을 말하려고 하면 시간도 오래 걸리고, 다른 학생들 눈치 보여서 제대로 되지 않아요.

또 학원 수업이 끝났을 때도 될 수 있는 대로 학원 내 빈 강의실이나 자습실을 찾아가 그날 배운 내용을 한번 정리하고 나오는 게 좋습니다. 선생이 수업 시간에 예를 든 표현이나 교재에 나오지 않는 단어가 있으면 사전을 찾아 확인하고 단어장에 적어둡니다. 그리고 그 표현을 외워뒀다가 다음에 비슷한 주제가 나오면 바로 써먹는 거죠. 그러면 선생이 무척 흐뭇해하고 뿌듯해합니다. '아, 교재에 없는 표현을 가르쳐줬더니 저렇게 유용하게 쓰는 학생이 있구나. 그래, 나 참 잘 가르치는 선생이야.' 이렇게 말이죠. 학원 수업의 능률을 올리려면 예습과 복습이 우선입니다.

2. 시간이 부족하다면, 예습만이라도 하자

수업 효과를 배로 늘려주는 게 복습이지만, 만약 복습할 시간이 없다면 예습만이라도 반드시 해야 합니다. 외국어는 모국어가 아니에요. 그냥 쿡 찌른다고 바로 튀어나오지 않습니다. 미리 기름칠을 하고 발동을 걸어두어야 말이 술술 나옵니다. 시동을 걸지 않고 수업에 들어가면, 선생이 말을 시킬 때마다 '어? 어? 어?' 하다가 시간 다 갑니다. 막상 발동이 걸려 입을 열려고 하면 수업 끝! 종 칩니다. 그래서 예습이 중요한 거예요. 미리 발동을 걸어두는 시간.

예습을 할 때는 시간의 3분의 1은 전날 수업을 복습하는 데 쓰고, 3분의 2는 그날 수업을 준비하세요. 시간이 20~30분밖에 없다면, 복습은 생략하고 예습에 집중합니다. 아무리 바빠도 수업 시작 10분 전에는 도착해서 그날 수업할 본문이라도 몇 번씩 읽어보세요. 그래야 자신감이 붙어 수업이 원활해집니다.

3. 회화 수업은 민주적 절차가 아니다

회화 수업은 모든 학생이 똑같은 시간을 배분받는 민주적 토의 과정이 아닙니다. 수업에 참여하는 학생의 열의만큼 지분을 받게 마련입니다. 수업 준비 전혀 해오지 않고, 질문하면 꿀 먹은 벙어리처럼 눈만 껌벅이며 수업의 맥을 끊고 교사를 맥 빠지게 하는 학생을 굳이 배려할 필요는 없어요. 교사는 분명 어제 수업한 본문에 나오는 문장으로 답을 할 수 있으리라 기대하고 질문을 던졌는데, 반응이 없으면 기운이 빠집니다. 이럴 때는 치고 나가서 대답해야 합니다. 예습하면서 외운 문장으로 유창하게 대답하여 선생의 기운을 북돋는 학생이 한 명만 있어도 수업 분위기가 확 달라져요.

말 없는 학생들을 상대로 하루 몇 시간씩 혼자 떠들려면 얼마나 힘들겠어요. 선생이 질문하면 단답형이나 한 문장으로 짧게 끝내지 말고, 가능한 한 장황하게 이야기를 늘어놓는 것도 좋습니다. 그렇게 해서 선생님의 지친 성대에 꿀 같은 휴식을 준다면 정말 훌륭한 학생이겠죠.

프리 토킹 할 때는 남 눈치 보지 말고 마구 들이대세요. 회화 교사를 혼잣말만 계속하는 외로운 왕따로 만드는 건 학생의 도리가 아니지요. 용기 있는 자가 미녀의 사랑을 얻는 것처럼 용기 낸 학생이 회화 교사의 관심을 독점하는 건 당연합니다.

4. 예습할 시간조차 없다면, 무리해서 학원을 끊지 마라

외국어를 배우는 과정에는 적극적이고 능동적인 노력이 필요합니다. 학원에 나가 수동적으로 앉아만 있다고 영어가 늘지는 않습니다. 그냥 공부하고 있다는 마음의 위안만 얻겠죠. 어렵게 마음을 먹었고 돈도 들였으니, 최대한 많은 것을 얻는 게 좋지 않을까요? 주식 투자에서 고수익을 보장하는 왕도는 없지만, 영어 공부에서는 100퍼센트에 가까운 왕도가 있습니다. 바로 학원을 끊기 전에 회화책을 먼저 한 권 외우고 가는 겁니다. 그렇게 하면 효과가 배가됩니다.

에필로그

영어가 취미가 되는 날까지

고등학교 진로 특강에 가면 아이들이 물어봅니다. PD가 된 비결이 뭐냐고. 그럼 저는 책을 많이 읽었다고 말해줍니다. MBC 신입사원 면접에서 심사위원들에게 가장 깊은 인상을 남긴 게 매년 책을 200권 넘게 읽는다는 얘기였어요. 그러면 아이들이 다시 묻지요. 1년에 200권씩 책을 읽으면 PD가 되느냐고. 그럼 다시 진지하게 대답합니다.

"저는 PD가 되려고 책을 읽은 게 아닙니다. 그냥 어려서부터 책이 좋았어요. 책을 많이 읽다 보니 어느 순간 PD가 되어 있더군요. PD는 우리 시대의 이야기꾼이에요. 책을 많이 읽고 이야기를 즐기는 사람이지요. 신입 PD 공채 경쟁률은 1200대 1 정도예요. 붙을 확률보다 떨어질 확률이 훨씬 더 높습니다. 책을 좋아하지도 않는 데 PD가 되려고 억지로 책을 읽었다면, 떨어질 경우 얼마나 억울하겠어요. 책을 읽으며 보낸 시간이 다 허송세월이 되잖아요. 그냥 여러분이 좋아하는 일을 하세요. 자신이 좋아하는 일을 미친 듯이 하다 보면 무언가 이룰 수도 있고, 또 못 이룰 수도 있어요. 꿈을 못 이루더라도 좋아하는 일을 마음껏 했으니 된 거다, 이렇게 생각하셔야 합니다. 미래를 위해 현재를 희생시키지 마세요. 꿈보다 더 중요한 건, 지금 이 순간을 즐길 수 있느냐 하는 것입니다."

《성장에 익숙한 삶과 결별하라》(우경임·이경주 지음, 아날로그)라는 책이 있어요. 1980년 한국인 1인당 GDP는 1688달러였지만 2014년에는 2만 8338달러입니다. 30여 년 동안 약 17배로 늘었어요. 고도 성장기에는 어떤 투자든 실효를 거둡니다. 집값이 미친 듯이 솟던 시기에는 빚을 내어 집을 사면, 빚을 갚고도 남을 만큼 집값이 올라서 이득이었지요. 후진국이 선진국으로 갈 때는 워낙 바닥에서 시작한 것이라 조금만 열심히 해도 성과가 납니다. 하지만 이제는 저성장 시대입니다. 고도성장이 영원히 지속될 수는 없어요. 일단 선진국에 진입하면 사회 발전 속도가 더뎌집니다. 일본처럼 거품 경제의 버블이 터지면서 후퇴하기도 하죠.

고도 성장기에는 빚을 내어 투자하는 것이 남는 장사였어요. 아파트를 사면 무조건 올랐고, 대출받아 비싼 등록금을 내더라도 취업 후 충분히 갚을 수 있었죠. 하지만 앞으로 저성장 시대에서는 그렇지 않아요. 빚을 내어 집을 사면 하우스푸어가 될 수 있고, 대출을 받아 조기 유학을 보내면 에듀푸어가 됩니다. 인간은 기억의 포로입니다. 이미 세상은 바뀌었는데도 과거 30년간 이어진 고도성장기의 기억, 그 시절의 성공방식을 여전히 재현할 수 있다는 착각에 빠져 살지요. 그 결과, 모두가 열심히 사는데 아무도 행복해지지 않는 저성장 시대의 역설이 갈수록 뚜렷해집니다.

영어 공부가 투자로서 남는 장사였던 시절이 분명 있었지요. 수출에 강하다는 점을 내걸고 국제 무역에 박차를 가하던 고도성장기에는 영어를 잘하는 사람이 취업이나 승진에 유리했습니다. 하지만 앞으로는 좋은 일자리 자체가 부족해집니다. 영어에 들인 돈을 회수하기 어려운 시대가 온다는 거죠. 책을 보니 대한민국에 기러기 아빠만 50만 명이랍니다. 아이의 미래를 위해 온 가족이 현재를, 가족 간의 사랑을, 노후자금을 희생시키며 삽니다. 조기 유학을 떠났던 아이들이 외국에서 돌아올 때는 한국 경제가 이미 본격적인 저성장 국면에 접어들어 투자한 만큼 뽑기 어려울 것입니다.

투자란 보상을 바라고 하는 행위지요. 이제 영어에 투자하는 시대는 지나갔어요. 예전 같은 보상은 이제 없습니다. 영어 공부, 그 자체가 보상이어야 합니다. 영어로 무엇을 이루겠다는 생각은 버리고 자기계발을 위한 취미 활동, 두뇌 인지력을 키우는 바둑이나 장기 같은 게임처럼 영어 공부를 즐기셔야 합니다. 저성장 시대에 외국어 공부는 미래를 위한 투자가 아니라 현재를 즐기는 취미니까요. 예전에 통역대학원 다닐 때, 친구들과 그런 얘기를 했어요.

"우리나라 사람들은 영어에 너무 과도한 스트레스를 받고 사는 것 같아. 모두가 영어 공부를 할 필요가 있나? 그냥 각자 자신이 하고 싶은 일, 좋아하는 일을 열심히 하면서 즐겁게 살고, 영어가 필요할 때는 통역사나 번역사를 쓰면 되지 않을까?"

2017년에 출간한 초판에는 '앞으로 인공지능이 발달하면 기계가 통·번역을 대신해주는 시대가 옵니다'라고 썼는데요. 2025년, 벌써 그 시대가 도래했습니다. 앞으로는 모든 사람이 많은 시간과 비용을 들여 외국어를 배우지 않아도, 챗GPT 같은 AI의 도움으로 수월하게 의사소통을 할 수 있는 시대가 옵니다.

물론 자동번역기의 시대에도, 영어를 잘하는 사람이 갖는 이점은 분명 존재합니다. 고도의 지식 정보 사회가 될수록 정보의 가치가 더욱 커지거든요. 웹상의 대부분 문서가 영어로 되어 있고, 최신 전문 지식은 영어로 작성되기에 영어를 잘하는 사람과 그렇지 못한 사람의 정보 격차는 어느 정도 발생합니다. 인공지능이 아무리 뛰어나도 기계번역은 감정과 느낌을 전달하는 데 약점이 있습니다. 언어란 기본적으로 모호하고 부정확한 게 특징이거든요. '길' '바람' '그리움' 이런 우리말에 일대일로 대응하는 영어 단어가 없습니다. 그때그때 달라지기에 기계적으로 번역하기 쉽지 않지요. 인공지능의 시대에도 사람들과 공감하고 교감하고 소통하는 능력은 필수입니다. 따라서 영어로 교감하는 것은 여전히 경쟁력이 될 것입니다.

마지막으로, 이 책을 끝까지 읽어주신 분들께 감사드립니다. 저는 책 읽기를 무척 좋아합니다. 매년 100권 이상 책을 읽지만 그 많은 책에 나오는 충고를 다 따르지는 못합니다. 블로그 일일 방문자 수는 매일 1,000명이 넘는데, 영어 문장을 외우는 분들은 그중 20~30명 정도더군요. 만약 그런 비율이라면, 이 책을 사고도 기초 회화를 외우지 않는 분이 100명 중 97명은 되는 셈입니다.

책을 읽고도 암송법을 실천하지 않는다고 너무 자책하진 마세요. 대부분이 그래요. 기껏 돈을 주고 책을 샀는데, 막상 책 한 권을 못 외워서 아쉬울 분들께도 뭔가 위안을 드리고 싶네요. 괜찮아요, 영어 공부를 하지 않아도. 더 중요한 일이 있는데 굳이 힘들게 영어책을 외울 필요는 없습니다. 영어 공부를 안 하더라도 다음 세 가지 중 하나라도 달성하셨다면 큰 선물 받으신 것입니다.

하나, '아이의 영어 교육을 위해 굳이 비싼 조기 유학을 시킬 필요는 없겠네' 하고 느끼셨다면 이 책의 선물 중 가장 큰 걸 받으신 셈입니다. 제가 이 책을 통해 꼭 전하고 싶은 메시지가 그것이거든요. 아이에게 억지로 영어를 가르치지 마세요. 그 시간에 책을 읽고 자유로이 놀도록 해주세요. 나중에 아이가 대학에 가면, 그때 이 책을 보여주세요. 읽고 나서 실천할지 말지 결정하는 건 대학생이 된 아이의 몫입니다. 안 외워도 뭐라 그러지는 마세요. 본인도 안 하셨잖아요.

둘, '언젠가 이민이든 이직이든 영어가 꼭 필요한 시기가 오면,

그때 이 책에서 일러준 대로 하면 되겠네' 하고 미루셔도 됩니다. 저도 스페인어 공부를 하다가 이번 책을 쓰면서 잠시 접었어요. 책 집필에 온통 정신이 팔려 스페인어 문장이 머리에 안 들어오더라고요. 영어가 머리에 안 들어온다면, 더 중요한 일이 있어서 그런 겁니다. 지금 이 순간, 자신에게 더 중요한 일에 집중하세요. 영어는 미뤄도 됩니다.

셋, '음, 그래도 책을 읽는 동안 가끔 재미있었어' 하고 느끼셨다면 저도 기쁩니다. 코미디 PD로서 세상 사람들을 웃기는 게 제 삶의 보람이자 낙입니다. 영어 공부에 대한 책을 읽었는데 잠깐이라도 즐거우셨다면, 그것으로 저는 만족합니다.

비록 말은 이렇게 하지만, 제 블로그에 찾아오셔서 영어 암송 덕분에 회화 실력이 늘었다고 인사를 남겨주시는 분들이 많아지면 몹시 반가울 것입니다. 애써 영어 공부를 권한 보람이 있잖아요? 여러분의 즐거운 영어 공부를 응원합니다. 고맙습니다!

감사의 글
한민근 선생님께

선생님, 지금도 잘 지내시는지요. 〈샘터〉라는 잡지에서 평생의 은인에게 보내는 편지글을 써달라는 부탁을 받고 문득 선생님이 떠올랐습니다. 20년 전 저는 낮에는 영업사원으로 일하고, 밤에는 선생님이 가르치시던 통역대학원 입시반 수업을 들었습니다.

선생님께서는 젊은 시절인 1970년대 말 영어를 독학으로 공부했다 하셨지요. 길을 걸으면서도 영어 테이프를 듣고 싶은 마음에 대형 카세트 플레이어를 어깨에 올려 메고 다니셨다지요. 워크맨이나 휴대용 MP3 플레이어가 나오기 전이니까요. 그걸 생각하면 요즘은 영어 공부하기 참 편한 세상이에요. 호주머니에 스마트폰을 넣어두고 무선 이어폰으로 들을 수 있잖아요. 아무튼 어깨에 밥솥만 한 카세트를 짊어지고 혼자 중얼거리며 다닌 덕에 동네에서 미친 사람 취급도 받았다 하셨지요.

선생님에 대한 오해가 풀린 건 TV 덕분이었죠. 1984년 미국 대선에서 레이건과 먼데일이 TV 토론회를 벌였는데, 우리나라 방송사에서 그 장면을 생중계한 겁니다. 그때 선생님이 동시통역을 하셨지요. 그 모습을 TV 화면으로 보고서야 동네 사람들이 '아, 그렇게 중얼거리던 게 다 영어 배우려고 그런 거였구나' 했다고요.

독학으로 영어를 공부해 당대 최고의 실력파라는 평가를 들었음에도 정작 동시통역사로 오래 일하지는 못하셨습니다. 매일 몇 시간씩이나 스피커에 귀를 바짝 대고 테이프를 듣다 보니 청력이 나빠지셔서요. 동시통역사에게 청력은 생명과도 같은 것이라, 결국 선생님은 통역사 양성 학원의 강사가 되셨지요. 물론 그 덕에 제가 통역대학원 입시 준비를 할 수 있었고, 합격도 했고요.

외대 통역대학원을 졸업한 후, 저는 MBC에 PD로 입사하여 20년째 시트콤과 드라마 연출가로 일하고 있습니다. TV 연출에 대해 배운 적은 없지만, 일하는 데 지장은 없습니다. 영어 공부할 때 한 문장 한 문장 차근차근 외우듯, 촬영할 때도 한 컷 한 컷, 한 장면 한 장면, 또박또박 찍어나갑니다. 어쩌면 제가 선생님께 22년 전에 배운 것은 영어가 아니라 인생을 사는 방법이었는지도 모르겠습니다.

선생님의 가르침에 깊이 감사드립니다. 늘 건강하시기를 기원합니다.

이 글을 쓰고 난 후, 그 시절 제가 어떻게 한민근 선생님을 만나게 되었는가를 생각해봤습니다. 그 시작은 대학 3학년 1학기 때이던 1991년입니다. 학교 화장실에 서서 일을 보다 눈높이에 붙어 있는 '야학 교사 모집' 안내문을 봤습니다. '오뚜기 일요학교'라는 야학이었어요. 밤에 열리는 것이 아니라 일요일에만 열리는 학교였습니다. 안내문을 본 순간 몸이 부르르 떨리더군요. 새로운 인연을 예감한 전율이었을까요? 당시 저는 영어 과외로 짭짤한 수입을 올리고 있었습니다. 돈 한 푼 안 들이고 배운 영어로 많은 돈을 벌었으니 일주일에 하루 정도는 무료로 가르쳐도 좋겠다, 보람 있겠다 하는 생각에 지원했어요.

가보니, 영어 교사는 이미 만원이더군요. 대학생 봉사자들이 많이 몰려왔는데, 그중에 사범대 영어교육학과 학생이 많았습니다. 독학으로 영어를 공부한 공대생 주제에 감히 영어를 가르치겠다고 나서기가 민망하더군요. 그땐 요즘처럼 뻔뻔하지 않았거든요. 그런데 담당자가 이공계 학생은 드물다고 반기며 과학 수업을 부탁하는 거예요. 그래서 야학 생물 교사가 되었습니다.

학생은 청계천이나 동대문 평화시장에서 재봉사나 보조('시다'라고 불리는)로 일하는 10대 여공들이 대부분이었습니다. 1990년대 초반, 형편이 어려운 집의 맏딸은 초등학교만 나온 후 바로 공장에 취업해서 동생들 뒷바라지를 하는 경우가 많았지요. 그들은 언젠가 돈을 벌어 대학에 가겠다는 꿈을 가지고 있었어요. 평일에는 야근이 끝나면 숙소에서 검정고시를 준비하고, 일요일에는 야학에 나와 공부했습니다.

청계천 옷 만드는 공장의 좁은 다락방에 갇혀 밤늦게까지 재봉

틀을 돌리다가 일요일 하루 쉬는 날 야학에 와서 1주일 치 공부를 몰아서 하려니 오죽 피곤하겠어요. 조는 학생을 깨울 방법에 대해 고민을 많이 했는데, 가장 좋은 방법이 웃기는 것이었어요. 그래서 수업을 하면서 5분에 한 번씩은 꼭 웃겼습니다.

공부하고 싶다는 간절한 마음으로 야학에 나왔지만 몸이 힘들어 중도 포기하는 학생들이 많았어요. 아무리 좋은 공부라도 재미가 없으면 힘들어요. '무슨 일이든 재미가 있어야 의미도 있다.' 이때의 깨달음은 나중에 예능 PD로 일할 때 큰 도움이 되었습니다. 재미없는 예능 프로그램은 사람들이 보지 않고, 사람들이 보지 않는 프로그램은 의미가 없거든요. '시청자에게 즐거움을 주는 것이 예능 PD가 공익에 복무하는 방식이다'라고 믿습니다.

영어 공부에 대한 책을 쓰면서도 마찬가지입니다. 아무리 좋은 공부법이라도 재미가 없으면 따라 하는 사람이 적을 테고, 그러면 그 좋은 공부법도 의미가 퇴색합니다. 어떤 일이든 재미가 있어야 지속할 수 있고, 그래야 더 많은 사람에게 의미가 있습니다.

야학 시절을 생각하면, '소보로빵'이 기억납니다. 종로서적 옆에 고려당이라는 큰 빵집이 있었는데, 야학 학생들 먹으라고 매주 소보로빵을 몇 상자씩 주셨어요. 일요일 오전에 고려당에 가서 빵 상자를 받아 오는 것이 신입 남자 교사들의 일이었습니다. 지금도 소보로빵을 보면 그때가 생각납니다. 감사합니다, 고려당 사장님!

야학은 어디나 장소 구하기 힘들어 고생이지요. 오뚜기 일요학교는 종로 외국어학원 원장님이 배려해주셔서 일요일 하루 학원이 쉬는 날 학원 건물을 교실로 썼습니다. 종로 외국어학원에서는 자원봉사 교사들에게 어학 수업 할인 혜택까지 주셨습니다. 감사합니다, 종로 외국어학원 원장님!

오뚜기에는 학생으로 시작했다가 교사가 된 사람도 있습니다. 박상규 선생님이 대표적이지요. 집안 형편이 어려워 공장 노동자로 일하며 중졸·고졸 검정고시를 오뚜기에서 공부해 통과했어요. 대학 입시까지 합격했는데, 등록금이 없어 당시 대학생 교사들이 아르바이트한 돈을 모아 학교에 다니게 해주었지요. 학생 출신 교사인 그는 오뚜기의 든든한 버팀목인데, 그가 한양대에 다녔습니다. 그분이 공대 화장실에 붙인 안내문을 보고 제가 오뚜기로 가게 된 것이고요. 화장실에서 안내문을 보고 왔다니까 그러더군요. "남자들이 서서 일 볼 때, 딱 그 눈높이에 맞춰서 붙였거든. 읽기 쉽게. 잘했지?" 그 덕분에 오뚜기를 만나고 대학 시절 즐거운 추억을 얻었습니다. 감사합니다, 박상규 선생님!

종로어학원은 일요일엔 쉬었지만, 쉬는 날에도 나와서 무료 공개 특강을 하는 억척 강사가 한 분 계셨습니다. 학생들에게 영어를 가르치는 게 너무 재미있다며, 이 재미난 걸 어떻게 쉬냐며 일요일에도 새벽부터 나오셨어요. 그분의 인기가 대단하여 아예 학원 꼭대기 층 강의실 하나를 그분 전용 강의실로 만들었습니다. 일요일에 돈 한 푼 안 받고 특강을 하는 그분을 보며, 정말 하고 싶은 일이라면 돈을 안 받고도 할 수 있다는 걸 그때 배웠어요. 나중에 자신의 이름으로 학원도 냈는데 그분이 바로 이익훈 선생님입니다. 감사합니다, 이익훈 선생님!

대학 졸업하고, 한국 3M에 취업했습니다. 헬스케어 부문에 발령받아 치과 의사들에게 제품을 판매하는 일을 했습니다. 대부분 영업사원이 그렇지만, 치과 영업은 특이한 직업이에요. 모두가 울상을 지으며 들어가는 곳에 혼자 활짝 웃는 얼굴로 들어가니까요.

우리 사회에서 잘 나가는 의사들을 상대로 영업을 뛰다 보면, 마음에 상처를 입을 때가 있습니다. 상처받은 자존심은 어떻게 치유해야 할까요? 평소 본인이 가장 잘하는 것을 하면 됩니다. 저에게 그것은 영어였어요. 때마침 회사에서 영어 학원 수강을 하면 교육비를 지원해줬습니다. 종로 외국어학원이 생각났어요. 야학 교사들에게 할인 혜택을 주던 종로 외국어학원! 학원에 가서 커리큘럼을 보며 상담 직원에게 물었지요.

"영어 수업 중에 가장 고급반이 뭐죠?"

"우리 학원에서 영어 최고급 과정은 통역대학원 입시반입니다."

당시 통역대학원 입시반 선생님이 한민근 선생님이었습니다. 선생님은 제게 새로운 인생을 선택할 용기를 불어넣어 주셨지요. 감사합니다, 한민근 선생님!

한민근 선생님에 대한 글을 쓰다 선생님과의 인연이 대학 화장실에서 시작된 걸 깨달았습니다. 대학 신입생 때, 짝사랑하던 여자애에게 차이고 군대 가서 영어 공부를 시작했고, 영어를 남에게 가르쳐주려고 야학을 하게 되었고, 영어 덕에 외국계 기업에 취업했고, 통역대학원을 나온 후 MBC PD까지 되었습니다.

돌이켜보면, 인생에서 그냥 일어나는 일은 없어요. 어떤 식으로든 삶은 다 연결됩니다. 소중한 인연으로, 소중한 경험으로. 삶은 결국, 하루하루가 다 선물입니다.

부록

영어 암송 100일의 기적

자, 이제 우리 함께 영어책 한 권을 외워볼까요? 그런데 영어 회화를 외우는 건 암기일까요, 암송일까요? 암기(暗記, memorization)는 어떤 내용을 '기억 속에 저장하는 행위'입니다. 핵심은 기억과 저장이지요. 암기가 어떤 정보를 머릿속에 넣는 과정, 즉 입력이라면, 암송(暗誦, recitation)은 외운 내용을 '입으로 말하는 행위', 즉 출력입니다.

영어시험에서 높은 점수를 받기 위해 우리는 평생 암기에 집중했습니다. 머릿속에 더 많은 정보, 더 어려운 단어, 더 어려운 문법을 입력해야 시험을 잘 볼 수 있으니까요. 그 과정은 재미도 없고 힘들기만 했어요. 평생 입력만 하고 출력을 연습할 기회는 없었지요. 영어로 말을 잘하기 위해서는 입력보다 출력이 더 중요합니다. 시를 암송하고 연설문을 암송하듯 영어 회화도 암송해야 합니다. 이때 핵심은 꾸준한 출력 연습입니다. 아침에 10분 책을 보며 소리 내어 읽는 것도 중요하지만, 낮에 짬짬이 틈날 때마다 외운 것을 출력해보는 연습도 필수입니다.

2017년에 이 책을 낸 후 많은 독자들을 만났고, 영어책 한 권을 외우는 게 너무 힘들다는 하소연을 자주 들었습니다. 그런데 우리가 평생 해온 공부법은 책상 앞에 조용히 앉아 눈으로 보며 입력하는 방식입니다. 소리 내어 출력하는 암송은 익숙하지 않아요. 영어 회화 암송을 쉽게 할 수 있도록 돕기 위해 교재와 음원을 만들었습니다.

〈영어 암송 100일의 기적〉은 총 30개의 상황에서 두 명의 화자가 주고받는 대화로 이루어져 있으며, '오늘의 대화 본문' '한글 해석' '한글 힌트' 3부분으로 구성되어 있습니다. 회화책 암송은 자신의 수준에 맞는 예문을 찾는 데서 시작합니다. 부록을 넘겨보며 한글 해석을 보고 영어 문장을 유추해보세요. 영어로 말했을 때 원문과 90% 이상 일치하면 더 난이도가 높은 회화책을 외우는 게 좋습니다. 거의 말이 나오지 않거나 구체적인 표현이 80% 정도(또는 이하) 비슷하다면 부록을 먼저 외우는 게 좋습니다.

부록과 함께 제공되는 음원은 총 3가지 형식입니다.

첫 번째 형식(실시간 대화)은 대화문 전체를 실시간 대화로 낭독합니다. 반복해서 들어보고 책을 보며 따라 읽습니다. 익숙해지면 책에서 눈을 떼고 예문을 보지 않고 섀도잉 연습을 하면 좋습니다. 낮에 길을 걸으면서 책을 보지 않고도 입에 붙을 정도로 연습하면 더욱 좋습니다.

두 번째 형식(끊어 읽기)은 각 문장 사이사이에 간격을 두어 한 문장씩 듣고 최대한 발음을 따라 해봅니다.

세 번째 형식(역할별 대화)은 A와 B를 번갈아 읽어주는 형식입니다. A의 대화를 듣고 B의 역할을 하며 답하고, 바꿔서 A의 역할을 하며 녹음된 B와 대화를 나눕니다. 부록 활용법을 좀 더 자세히 설명해드릴게요.

• 100일의 기적을 일으키는 부록 활용법 •

1. 아침에 일어나 10분 반복 읽기
- 오늘의 대화 해당 과 본문을 쭉 소리 내어 읽습니다. 처음에는 한글 해석을 보면서 영어 원문을 톺아봅니다. 그다음 원문을 읽으며 뜻을 파악합니다.
- 부록과 함께 제공하는 실시간 대화를 들으며 영어 발음에 익숙해집니다.
- 끊어 읽기를 듣고 최대한 발음을 따라 하며 약 5회 정도 반복합니다.
- 복습을 위해 한글 힌트를 휴대전화로 찍어 저장해두면 좋습니다. 한글 힌트는 영어 원문을 떠올리기 좋도록 영어 문장 순서대로 한글 단어를 끊어 메모한 것입니다.

2. 문장 암송
- 발음이 입에 붙으면 오늘의 대화 본문을 보며 문장을 암송합니다.
- 역할별 대화를 들으며 A의 말을 듣고 B의 대답을 합니다. 반대로 A가 되어 대화를 이어갑니다.
- 아침에 일어나 영어 공부를 해낸 멋진 자신에게 "축하합니다. 고맙습니다"라고 인사를 건넵니다. 조금 쑥스러워도 소리 내어 자신을 격려해주세요.

3. 자투리 시간에 복습
- 출근길, 점심시간, 이동, 휴식 시간이 생기면 눈을 감고 오늘의 대화를 외워봅

니다. 소리 내어 암송하는 게 효과적이지만, 공공장소에서는 소리는 내지 않고 입만 벙긋거립니다. 이미지 트레이닝도 출력 연습입니다.

- 떠오르지 않으면 한글 힌트가 적힌 페이지만 봅니다.
- 한글 힌트를 보면서 머릿속으로 영작 훈련을 해도 좋습니다.

4. 오늘의 대화 완벽 암송

- 일과를 마치면 가만히 앉아 오늘의 대화를 소리 내어 암송합니다.
- 기억이 나지 않으면 한글 힌트로, 그래도 모를 때에는 오늘의 대화 본문을 확인합니다.
- 전체 암송이 끝날 때까지 반복합니다.
- 시간이 없어서 전체 암송이 어렵다면, 하루에 5~6문장을 외우고 3일에 한 과를 공부해도 좋습니다. 총 30과를 100일 동안 외운다면, 기적이 일어납니다.

5. 누적 암송

- 하루에 한 번은 목차를 보고 1과부터 오늘의 대화까지 암송을 해봅니다.
- 기억이 나지 않으면 한글 힌트를 보고 암송합니다.
- 누적 암송을 못한 과는 표시해두고 오늘의 대화 본문과 한글 해석을 소리 내어 읽어봅니다.
- 복습을 마치면 꼭 스스로 칭찬해주세요. "오늘도 짬짬이 영어 공부하는 습관을 만들었습니다. 축하합니다. 고맙습니다."

6. 주말 복습

- 누적 암송할 때 다 외우지 못했던 과를 다시 암송합니다.
- 주말에는 목차를 보고 1과부터 오늘의 대화까지 전체 대화가 술술 나오게 복습을 합니다.
- 14주 동안 30과를 외우는 것이니, 한 주에 2과를 외우면 평균, 3과를 외우면 꽤 성공적입니다. 100일 간 30과를 다 외우면 '아, 이제 영어회화에 자신감이 생기네!' 하는 느낌을 받을 겁니다.

7. 100일 후

- 30과를 다 외웠다면, 조금 더 수준 높은 회화책을 찾아보세요. 저는 하나의 상황 속에서 두 사람이 대화를 주고받는 예문을 선호합니다. 말이 꼬리를 물고 이어지기에 여러 문장을 이어서 외우기 편하거든요. 제가 보기에는 다음 책들이 그러합니다.

《주아쌤의 툭 치면 탁 나오는 영어회화》(주아쌤(이정은) 지음, 몽스북)

《파이 잉글리시》(조이스 박 지음, 로그인)

《영어 회화 100일의 기적 2》(문성현 지음, 넥서스)

- 자신에게 맞는 교재를 찾는 것도 영어 공부의 일부입니다. 설레는 마음으로 다음에 외울 회화책을 직접 서점에서 찾아보세요.

자, 이제 본격적으로 영어책 한 권 외워볼까요?

부록 차례

1과 ·· 자기소개 1	16과 ·· 치킨 주문 연습
2과 ·· 자기소개 2	17과 ·· 엄마의 숏폼 도전
3과 ·· 날씨	18과 ·· 엄마의 외출
4과 ·· 일기예보	19과 ·· 엄마의 복수
5과 ·· 대중교통	20과 ·· 엄마의 애원
6과 ·· 직업	21과 ·· 아침 루틴
7과 ·· 취미	22과 ·· 한국 음식
8과 ·· 전공	23과 ·· 길 안내
9과 ·· 운동	24과 ·· 공항 가는 길
10과 ·· 여가 활동	25과 ·· 관광 안내
11과 ·· 회화 연습	26과 ·· 공항에서
12과 ·· 교습비 흥정	27과 ·· 호텔에서
13과 ·· 엄마에게 과외하기	28과 ·· 길 묻기
14과 ·· 선생님에게 부탁하기	29과 ·· 면세점에서
15과 ·· 선생님을 칭찬하기	30과 ·· 귀국

(1과)　　　　　　　　**자기소개 1**

A: We have a new student today! Please introduce yourself.

B: Hello, my name is Sunny. I'm here because I want to improve my English. Nice to meet you!

A: Welcome! You said you want to be good at English. How is your English now?

B: I can say "Hello" and "Thank you" perfectly! But I need to work on everything else.

A: That's great! The basics are important. Can you introduce yourself in English?

B: Hi! My name is Sunny. I like… uh… food? And… sleeping?

A: Perfect! I love food and sleeping too. Now, let's make your sentence more natural. You can say, "I love trying new types of food and taking naps."

B: Oh! "Taking naps"! I love that phrase! It's so me.

A: Right? It sounds more like a native speaker! What's your goal for learning English?

B: I want to travel and talk with local people! Especially, I want to order food at restaurants without any worries.

실시간 대화 끊어 읽기 역할별 대화 A 역할별 대화 B

A: 오늘 새로 온 학생이 있네요. 자기소개 부탁드립니다.

B: 안녕하세요, 써니입니다. 영어를 잘하고 싶은 욕심에 찾아왔습니다. 잘 부탁드립니다.

A: 어서 오세요. 영어를 잘하고 싶다고 했는데, 지금 영어 실력은 어느 정도인가요?

B: "Hello"랑 "Thank you"는 완벽합니다! 나머지는… 업그레이드가 필요해요.

A: 아주 좋아요! 시작은 언제나 기본부터죠. 영어로 자기소개해볼 수 있나요?

B: Hi! My name is Sunny. I like… uh… food? And… sleeping?

A: 완벽해요! 저도 음식이랑 잠을 사랑합니다. 이제 문장을 좀 더 자연스럽게 만들어볼까요? 예를 들면, "I love trying new types of food and taking naps."라고 해도 돼요.

B: 오! "taking naps"! 좋은데요? 딱 제 이야기에요.

A: 그렇죠? 이렇게 표현하면 원어민처럼 들려요! 영어 공부하는 목표가 뭐예요?

B: 여행 가서 현지인들과 자연스럽게 대화하고 싶어요. 특히 맛집에서 스트레스 안 받고 주문하고 싶어요.

(2과)　　　　　　　　　**자기소개 2**

A: That's a great goal! Then let's start with 'Restaurant English'! A common way to order food is….

B: "One burger, please!"

A: Very good! But to sound more natural, you can say, "Can I get a burger, please?"

B: So I can also say, "Can I get a pizza, please?"

A: That's right! Your English is leveling up!

B: Yay! I'm getting closer to my dream of going on a world food tour.

A: Wow, Sunny, I love your positive attitude! Are you always so bright and cheerful? Is that why your nickname is Sunny?

B: My mom named me Miseon, hoping I would be pretty and kind. Since I'm not sure about the 'pretty' part, I try my best to be kind. So I go by 'Seon'—like 'Sun'.

A: With such a fun person in class, I'm really looking forward to our lessons!

B: I'll make you laugh a lot with my silly English!

실시간 대화   끊어 읽기   역할별 대화 A   역할별 대화 B

A: 훌륭한 목표예요! 그럼 '식당 영어'부터 시작해볼까요? 주문할 때 제일 많이 쓰는 표현은….

B: 버거 하나요!

A: 아주 좋아요! 하지만 더 자연스럽게 하려면 "Can I get a burger, please?"라고 하는 게 좋아요.

B: 그럼 "Can I get a pizza, please?"도 가능하겠네요?

A: 맞아요! 영어가 더 나아지고 있어요.

B: 오, 예! 세계 맛집 투어의 꿈이 가까워지고 있어요!

A: 이야, 써니의 긍정적인 자세, 아주 좋습니다. 매사에 그렇게 밝고 유쾌한가요? 그래서 별명이 '써니'인가요?

B: 어머니가 예쁘고 착하게 살라고 미선(美善)이라는 이름을 지어주셨어요. 제가 미모는 자신이 없어서 착하게라도 살려고요. 그래서 '선'이라고 해요. 영어로는 Sun.

A: 우리 반에 이렇게 재미난 분이 계시니 앞으로 수업이 더 기대됩니다.

B: 엉터리 영어로 많이 웃겨드릴게요.

(3과)　　　　　　　　　　　　　　날씨

A: How's the weather in Korea these days?
B: It's beautiful. It's warm and sunny during the day. How about the UK?
A: Very unpredictable. Classic British weather. You can experience all four seasons in one day!
B: Is that true? I can't believe it.
A: Sunshine in the morning, rain by noon, windy in the afternoon, and cold again in the evening.
B: Wow, sounds like the weather's got a full-time job!
A: Exactly. People in the UK carry umbrellas like fashion accessories.
B: It's the same in Korea during the rainy season.
A: I'd love to go for a walk under the Korean sunshine right now.
B: Let's just call it a day and go on a picnic!

| 실시간 대화 | 끊어 읽기 | 역할별 대화 A | 역할별 대화 B |

A: 한국의 요즘 날씨는 어떤가요?

B: 아름답죠. 따뜻하고 화창해요. 영국은 어때요?

A: 변화무쌍하지요. 전형적인 영국 날씨예요. 하루에 사계절을 경험할 수 있지요.

B: 진짜요? 안 믿기는걸요.

A: 아침엔 햇살, 점심엔 비, 오후엔 바람, 저녁엔 또 추워져요.

B: 와, 날씨가 온종일 바쁘네요!

A: 맞아요. 영국 사람들은 우산을 패션 아이템처럼 들고 다녀요.

B: 한국도 장마철엔 그래요.

A: 한국의 햇살 아래서 당장 나가서 산책하고 싶네요.

B: 그냥 지금 수업 마치고 바로 소풍 가요!

4과 일기예보

A: Nice try, but class isn't over yet. What's the weather forecast for tomorrow?
B: According to the forecast, it will be cloudy with a chance of rain.
A: Okay, thanks for letting me know. I guess I'll just stay home and watch a movie.
B: Me too! If you know any good movies, please recommend one.
A: Have you seen 'The Hangover'? It's really funny!
B: You mean the movie about drunk, clueless guys getting into trouble? It reminds me of my husband, so I couldn't really enjoy it.
A: Does your husband also mess things up like the main characters?
B: Yes! Every time he goes on a trip with his friends, something weird happens. One time, he lost his wallet and his shoes.
A: Even his shoes? How did he get home?
B: He came back wearing slippers. The hotel lent them to him. It was so ridiculous!

실시간 대화   끊어 읽기   역할별 대화 A   역할별 대화 B

A: 좋은 시도예요. 하지만 수업은 아직 끝나지 않았어요. 내일 일기예보는 어떻게 되나요?

B: 일기예보에 따르면 흐리고 비가 올 가능성이 있어요.

A: 좋아요, 알려줘서 고마워요. 내일은 집에서 영화나 봐야겠네요.

B: 저도 그래야겠어요. 재미난 영화 있으면 추천해주세요.

A: '행오버' 봤어요? 진짜 웃겨요.

B: 술 취한 지질한 남자들이 사고 치고 다니는 이야기요? 제 남편 이야기 같아서 몰입하기 힘들었어요.

A: 남편분도 주인공처럼 사고를 많이 치나요?

B: 네! 친구들이랑 여행 가면 꼭 이상한 일이 생겨요. 한번은 지갑이랑 신발을 잃어버리고 왔어요.

A: 신발까지요? 그럼 집에 어떻게 돌아왔어요?

B: 슬리퍼 신고 왔어요. 호텔에서 빌려준 거요. 진짜 황당했어요.

A: How did you get here today?

B: I took the subway. It's always convenient.

A: How about the bus?

B: Yes, I ride the bus, too. But sometimes the traffic gets so congested that it takes too long.

A: Between the subway and the bus, which one do you prefer?

B: It depends on the situation, but I mainly use the subway.

A: Me too. I like it because I can read books on the subway.

B: How about riding a bicycle in Seoul? Is it a good idea?

A: Yes, but when you ride a bicycle, try to avoid rush hour. Traffic can be horrible.

B: I see. By using public transportation effectively, city life can be more comfortable.

실시간 대화　　끊어 읽기　　역할별 대화 A　　역할별 대화 B

A: 오늘은 뭐 타고 오셨어요?

B: 지하철이요. 항상 편하게 타요.

A: 버스는 어때요?

B: 네, 가끔 버스를 타기도 해요. 그런데 때때로 교통체증이 심하면 시간이 너무 오래 걸려요.

A: 지하철과 버스 중에서 어떤 걸 더 선호하세요?

B: 경우에 따라 다르지만, 지하철을 주로 이용해요.

A: 나도 그래요. 지하철에서는 책을 읽을 수 있어 좋아요.

B: 자전거도 타나요?

A: 네, 그런데 자전거를 탈 때는 혼잡한 시간을 피하는 게 좋아요. 도로가 많이 막히니까요.

B: 그렇군요. 교통수단을 잘 활용하면 도시 생활이 편해지죠.

(6과)   직업

A: What do you do for a living?
B: I used to work in accounting at a company, but I quit.
A: What are your plans for the future?
B: Lately, I've been thinking about opening a café.
A: Oh, a café owner! That sounds great! Are you good at making coffee?
B: To be honest, I've only made instant coffee.
A: Then you should start by taking barista classes!
B: Yeah, but my friends always say the same thing after tasting my coffee. "I think I'll just buy one…."
A: Don't worry! If you keep practicing, one day your friends will ask, "Where did you buy this?"
B I love that! My goal is to make coffee that tastes better than the ones from cafés!

실시간 대화　　끊어 읽기　　역할별 대화 A　　역할별 대화 B

A: 어떤 일을 하시나요?

B: 회사에서 회계 업무를 했는데요, 이젠 퇴사했어요.

A: 앞으로 어떤 일을 하실 계획인가요?

B: 요즘 카페를 차려볼까 고민 중이에요.

A: 오, 카페 사장님! 좋죠! 그런데 혹시 커피는 잘 만드세요?

B: 솔직히 말하면, 인스턴트 커피만 타봤어요.

A: 그럼 바리스타 연습부터 시작해야겠네요.

B: 맞아요. 근데 제가 만든 커피를 맛본 친구들이 공통적으로 하는 말이 있어요. "그냥 사 마실게…."

A: 하하! 그래도 연습하면 늘어요! 친구들이 "이거 어디서 샀어?"라고 물어볼 때까지 도전해보세요!

B: 좋아요! 목표는 카페에서 사 마시는 것보다 맛있게 만들기!

7과   취미

A: What are your hobbies?

B: I like drawing landscapes. When I draw nature like the ocean or mountains, I feel relaxed.

A: Oh~ that's cool! Have you ever drawn portraits?

B: Yes, sometimes. But the problem is⋯ people don't recognize themselves in my drawings.

A: Do they often ask, "Who is this?"

B: Yes! Even the person I drew looks at it and says, "Is this⋯. me?"

A: That sounds like you draw with creative expression! Maybe it looks like modern art.

B: Exactly! So I decided to call my drawings "abstract portraits."

A: I love it! If you have an art exhibition, make sure to invite me.

B: Of course! But even if you come, it might be hard to guess who is who.

| 실시간 대화 | 끊어 읽기 | 역할별 대화 A | 역할별 대화 B |

A: 취미가 무엇인가요?

B: 저는 풍경화를 그리는 걸 좋아해요. 바다나 산 같은 자연을 그리면 마음이 편안해지거든요.

A: 오~ 멋지네요! 혹시 초상화도 그려보셨나요?

B: 네, 가끔 그려요. 그런데 문제는… 제가 그리면 사람들이 못 알아보더라고요.

A: 혹시 "이게 누구야?"라는 반응이 많나요?

B: 네! 심지어 제가 그린 사람조차도 "이거 나야…?" 하고 당황해요.

A: 그 정도면 창의적인 재해석인데요? 현대 미술 느낌 나겠어요!

B: 맞아요! 그래서 전 제 그림을 '추상 초상화'라고 부르기로 했어요.

A: 좋아요! 나중에 전시회 열면 꼭 초대해주세요.

B: 물론이죠! 다만, 오셔도 누가 누군지 맞히긴 어려울 거예요.

8과 — 전공

A: What was your major in college?
B: I studied philosophy.
A: Do you have a favorite philosopher?
B: Yes, I really like Nietzsche. His ideas have had a big impact on me.
A: Oh, Nietzsche? "God is dead" is his most famous quote, right?
B: That's right. But that phrase doesn't just mean simple atheism. Nietzsche was saying that traditional values were collapsing, and that we must create new values for ourselves.
A: Then I'll create a new value: "Sleeping in is a virtue."
B: Well, Nietzsche did encourage the creation of new values, so… I guess it works.
A: Great! Starting tomorrow, I will live a life of sleeping in!
B: Is this really how a philosophical discussion should go…?

실시간 대화　　　끊어 읽기　　　역할별 대화 A　　　역할별 대화 B

A: 대학에서는 어떤 전공을 하셨나요?

B: 저는 철학을 공부했습니다.

A: 좋아하는 철학자가 있나요?

B: 네, 니체를 정말 좋아해요. 그의 사상이 저에게 큰 영향을 줬어요.

A: 오, 니체요? "신은 죽었다"라는 말이 가장 유명하죠!

B: 맞아요. 하지만 그 말이 단순한 무신론을 뜻하는 건 아니에요. 니체는 전통적인 가치관이 무너지고, 우리가 스스로 새로운 가치를 창조해야 한다고 말한 거예요.

A: 음… 그럼 저는 '늦잠은 미덕이다'라는 가치를 창조할래요.

B: 니체도 새로운 가치를 만드는 걸 장려했으니까, 뭐… 인정해 드리죠.

A: 그럼 내일부터 늦잠을 자는 삶을 살겠습니다!

B: 철학적 대화가 이렇게 흘러가도 되는 건가요…?

(9과) 운동

A: Do you work out?
B: Yes, I go to the gym a few times a week.
A: That's awesome! What kind of exercise do you usually do?
B: I mainly do weight training. Strength training really suits me.
A: Every time I work out, my body hurts. So I quit because of muscle soreness.
B: That's a common mistake. You have to pace yourself.
A: But if I pace myself, I don't feel like I really worked out.
B: Then focus on listening to your body and go easy on yourself.
A: I prefer exercises where I can lie down. Is there such a thing as 'bed yoga'?
B: Doing light stretches regularly is also a great way to exercise.

실시간 대화   끊어 읽기   역할별 대화 A   역할별 대화 B

A: 운동을 하나요?

B: 네, 일주일에 몇 번씩 체육관에 가고 있어요.

A: 멋져요! 어떤 종류의 운동을 주로 하나요?

B: 주로 웨이트 트레이닝을 해요. 근력 운동이 저랑 잘 맞더라고요.

A: 저는 운동을 하면 아파요. 그래서 근육통 때문에 포기하지요.

B: 그게 흔한 실수예요. 적당히 하는 게 중요해요.

A: 하지만 적당히 하면 운동한 것 같은 기분이 안 들어요.

B: 그렇다면 몸의 신호에 귀를 기울이고 무리하지 말아요.

A: 저는 누워서 하는 운동이 좋은데, 혹시 '침대 요가' 같은 거 없나요?

B: 가벼운 스트레칭을 자주 하는 것도 좋은 운동이에요.

10과   여가 활동

A: What do you do in your free time?

B: I love hiking. It's my favorite hobby.

A: Oh! That's a great and healthy hobby! Where do you usually go hiking?

B: I go anywhere, from nearby hills to famous mountains. The higher, the better!

A: Wow, that's impressive. I get out of breath just climbing stairs.

B: It's tough at first, but you get used to it. Want to join me sometime?

A: Can we go to a mountain with a cable car?

B: The real charm of hiking is the journey to the top! Sweating, feeling breathless—that's where the thrill is!

A: When I sweat, all I can think is, "Why am I doing this to myself?"

B: Don't be such a baby, come hike with me!

실시간 대화　　　끊어 읽기　　　역할별 대화 A　　　역할별 대화 B

A: 여가 시간에는 무엇을 하시나요?

B: 저는 등산을 좋아해요. 산에 가는 게 제 취미예요.

A: 오! 건강에도 좋고, 멋진 취미네요! 주로 어떤 산에 가세요?

B: 가까운 산부터 유명한 명산까지 가리지 않고 갑니다. 높은 산일수록 더 좋아요!

A: 와, 대단하네요. 저는 계단만 올라가도 숨이 차는데.

B: 처음엔 힘들지만 점점 익숙해져요. 한번 같이 가실래요?

A: 혹시 케이블카 있는 산으로 가도 되나요?

B: 등산의 묘미는 정상에 오르기까지의 과정이에요! 땀 흘리고, 숨이 차오를 때의 그 희열!

A: 저는 땀 흘리는 순간부터 '내가 왜 이러고 있지?'라는 생각이 들던데요.

B: 우는 소리 그만하고, 나랑 산에 갑시다.

회화 연습

A: Can I ask you a favor?
B: Mom, why are you speaking in English all of a sudden?
A: I'm studying English conversation these days, and I need a partner to practice with.
B: You want to talk with me in English? But I'm not good at it either.
A: Your academy teacher always says you're good at English.
B: That's because I've been taking expensive lessons for a long time.
A: My goal is to study without spending much money. To do that, I need your help.
B: Wow, you keep speaking in English! Mom, when did your English get so good?
A: I just memorized this. I think it's good to practice like this.
B: Then, Mom, will you pay me for English lessons?

| 실시간 대화 | 끊어 읽기 | 역할별 대화 A | 역할별 대화 B |

A: 부탁이 하나 있는데 들어줄래?

B: 엄마, 왜 갑자기 영어로 말해요?

A: 요즘 영어 회화 공부를 하는데, 연습 상대가 필요해. 좀 도와줘.

B: 저랑 영어로 이야기하자고요? 나도 잘못하는데?

A: 학원 선생님이 너 영어 잘 한다고 얼마나 칭찬하시는데.

B: 그거야 비싼 돈을 내고 수업을 오래 받았으니까.

A: 나의 목표는 큰돈 안 들이고 공부하는 거야. 그러려면 너의 도움이 필요해.

B: 와, 계속 영어로 말하네? 엄마 언제 영어가 이렇게 늘었어요?

A: 이거 다 외워서 하는 거야. 이렇게라도 연습을 자꾸 하는 게 좋을 것 같아서.

B: 엄마, 그럼 저한테 영어 교습비 내실 거예요?

12과   교습비 흥정

A: Do you know how much money I've spent sending you to the academy?
B: I never asked for it. You made me go.
A: You wanted to go because all your friends were taking English classes.
B: I just didn't want to fall behind.
A: I'm not asking you to do it for free. I'll buy you your favorite meal once a month.
B: But you already do that now.
A: Okay, fine. I'll do it twice a month!
B: Then can you order my favorite chicken this weekend?
A: But you have to practice English conversations with me for 10 minutes every day.
B: 10 minutes? Wow, Mom, you're really determined.

실시간 대화 끊어 읽기 역할별 대화 A 역할별 대화 B

A: 내가 그동안 너 학원 보내느라 쓴 돈이 얼마인데.

B: 누가 보내달라고 그랬나 뭐. 엄마가 시킨 거지.

A: 네가 친구들 다 영어 학원 다닌다고 가고 싶다고 그랬거든?

B: 나만 뒤처지기 싫어서 그랬지요.

A: 맨입에 해달라는 건 아니야. 한 달에 한 번 네가 좋아하는 음식 사줄게.

B: 아니, 그건 지금도 하는 거잖아.

A: 아, 알았어, 그럼 한 달에 두 번 쏜다!

B: 그럼 이번 주말에 내가 좋아하는 치킨 시켜주는 걸로?

A: 대신 하루에 10분씩 내 영어 회화 연습 상대 해주는 거다.

B: 10분이나? 오, 우리 엄마 결심이 대단하시네.

13과 엄마에게 과외하기

A: I'm serious about studying English.

B: What made you so dedicated?

A: Remember when I went to the palace with my friends from high school?

B: Yeah, you said you had a great time.

A: A foreigner talked to me, and I totally panicked.

B: Maybe you looked smart. But actually, you're kind of clumsy.

A: One of my friends stepped in and smoothly answered in English. Back in high school, her English test scores were lower than mine!

B: Mom, school test scores and speaking skills are totally different.

A: That's why I'm practicing like this!

B: I can use the excuse of teaching you English to scold you a lot. Now that's an idea.

실시간 대화   끊어 읽기   역할별 대화 A   역할별 대화 B

A: 엄마는 영어 공부에 진심이야.

B: 왜 그런 결심을 했어요?

A: 엄마가 고등학교 동창들이랑 고궁에 놀러 갔던 거 기억나?

B: 응, 그날 재미나게 놀고 왔다고 했지.

A: 외국인이 나한테 말을 걸었는데 당황해서 혼났거든?

B: 엄마가 지적으로 보였나 보다. 알고 보면 허술한데.

A: 그날 내 친구가 나서서 척척 영어로 대답해줬어. 걔가 고등학교 때 나보다 영어 시험 성적도 낮았단 말이야.

B: 엄마, 학교 시험 성적이랑 회화 실력은 별개거든요.

A: 그래서 이렇게 연습하는 거거든요?

B: 엄마 영어 가르친다는 핑계로 혼내주면 되겠네. 오, 그거 재밌겠는데.

14과 선생님에게 부탁하기

A: Teacher, oh, my teacher. I have a favor to ask.
B: What is it, my dear?
A: I'm quite old, so studying is not easy for me.
B: Studying is hard even for young people.
A: So please teach me in an easy and fun way, okay?
B: My mother always used to say something.
A: Now I'm starting to get nervous….
B: Patience is bitter, but its fruit is sweet. Studying should be hard to be meaningful. That's what you said.
A: Who did you take after to be this smart?
B: I'm curious about that too.

| 실시간 대화 | 끊어 읽기 | 역할별 대화 A | 역할별 대화 B |

A: 선생님, 오 나의 선생님. 부탁이 하나 있는데요.

B: 왜 그러는데, 학생?

A: 제가요, 나이가 많아서요, 공부가 쉽지 않아요.

B: 나이가 어려도 공부는 힘들어요.

A: 그러니 제발 쉽고 재미나게 가르쳐주세요, 네?

B: 이 선생님의 어머니가 늘 하신 말씀이 있단다.

A: 나 갑자기 불안해지네?

B: 인내는 쓰고, 열매는 달다. 공부는 힘들어야 제맛이야. 엄마가 늘 그랬지.

A: 넌 누구 닮아서 이렇게 똑똑한 걸까?

B: 나도 그게 궁금하네요.

15과 선생님을 칭찬하기

A: How are you so good at English?
B: My middle school club activities helped me. I was in an English book discussion club.
A: I read you lots of English storybooks when you were a baby.
B: I don't remember any of that.
A: No matter how tired I was after work, I never skipped reading to you.
B: I enjoy reading English books out loud after school. It feels like I'm acting.
A: What kind of books do you usually read?
B: It changes every time. We take turns choosing books. I picked 'Harry Potter'.
A: Wouldn't it be better to read classics like Shakespeare?
B: One of the best ways to practice reading in English is by enjoying a good story.

실시간 대화　　　끊어 읽기　　　역할별 대화 A　　　역할별 대화 B

A: 넌 어쩜 이렇게 영어를 잘 하니?

B: 중학교 동아리 활동이 도움이 되었어요. 영어로 하는 독서 토론 동아리.

A: 엄마가 너 아기 때 영어로 동화책 많이 읽어줬는데.

B: 그건 기억이 하나도 안 나고.

A: 퇴근하고 아무리 힘들어도 빼먹지 않고 읽어줬는데.

B: 방과 후에 영어책 소리 내어 읽는 게 재미있어. 연기하는 기분도 나고.

A: 어떤 책을 주로 읽는데?

B: 때마다 달라. 돌아가면서 책을 선정하거든. 나는 《해리 포터》를 골랐지.

A: 셰익스피어 같은 고전을 읽는 게 낫지 않아?

B: 영어 독해 공부에 있어 최고의 방법은 좋은 이야기를 즐기는 것이거든요.

16과   치킨 주문 연습

A: What should I say when ordering chicken at a restaurant?
B: First, take a good look at the menu and pick something.
A: But what if the menu is in English and I can't read it?
B: Then ask the staff for a recommendation. Just point to the menu and say, "What do you recommend?"
A: And if the waiter points to something, can I just say the name of that dish?
B: Exactly. For example, you can say, "I'll have the spicy fried chicken, please."
A: Thanks! I'm starting to feel a bit more confident now.
B: How about we go to a chicken place tonight and pretend to be foreigners? We can practice English and eat some delicious chicken—it's like killing two birds with one stone!
A: Then maybe we should keep speaking English while eating too? Like we're foreign friends who met in Korea?
B: That way, we get to enjoy some delicious chicken and you can impress me with your English. Man, I really am a genius sometimes.

실시간 대화　　끊어 읽기　　역할별 대화 A　　역할별 대화 B

A: 식당에서 치킨 주문할 때 뭐라고 하면 좋을까?

B: 일단 메뉴부터 잘 보고 고르면 되지.

A: 근데 메뉴가 영어로 돼 있어서 잘 안 읽히면?

B: 그럼 직원한테 추천 좀 해달라고 해. 메뉴판 보여주면서 "What do you recommend?"라고 해.

A: 웨이터가 추천한 메뉴 가리키면, 그 이름 그대로 말하면 돼?

B: 맞아. 예를 들어 "I'll have the spicy fried chicken, please." 이렇게 말하면 돼.

A: 고마워! 이제 좀 자신감 생긴다.

B: 오늘 저녁엔 우리 치킨집 가서 외국인인 척 영어로 주문해볼까? 영어도 연습하고 치킨도 먹고, 일석이조잖아!

A: 그럼 먹으면서도 영어로 대화해야겠다? 한국에서 만난 외국인 친구 컨셉으로?

B: 엄마 영어가 얼마나 늘었는지 보는 재미도 있고, 치킨 얻어먹는 재미도 있고. 캬, 난 참 머리가 잘 돌아간단 말이야.

17과 엄마의 숏폼 도전

A: This is such a fun video! What are they doing?

B: They're uploading challenge videos on TikTok.

A: You know, I was a cheerleader in college. Maybe I should post a dancing video.

B: Mom, you need to edit the video, change your outfit, and⋯.

A: Doesn't matter. I want to be cool!

B: Mom⋯ just send cute stickers on KakaoTalk instead.

A: That's no fun!

B: For the honor of our family, please don't do this.

A: I'm just teasing you. Did you really think I was serious?

B: Other moms worry about their kids, but why do I have to worry about my mom?

실시간 대화   끊어 읽기   역할별 대화 A   역할별 대화 B

A: 이거 엄청 재미난 영상인데! 다들 뭐 하는 걸까?

B: 사람들이 틱톡에 챌린지 영상을 올리는 거야.

A: 이래 봬도 엄마가 대학교 때 응원단이었어. 춤추는 영상 한번 올려볼까?

B: 엄마, 그거 찍으려면 영상도 편집해야 하고, 옷도 갈아입어야 하고….

A: 상관없어! 나도 힙해지고 싶어!

B: 엄마… 그냥 카카오톡에서 귀여운 이모티콘이나 보내세요.

A: 에이, 재미없어!

B: 우리 가족의 명예를 위해, 제발 하지 마세요.

A: 너 놀리느라 그런 거야. 진짜 할 줄 알았어?

B: 다른 집 엄마들은 자식 걱정하는데, 왜 우리 집은 자식이 엄마 걱정을 해야 하지?

18과 엄마의 외출

A: How do I look in this outfit?
B: Whoa, you really put in some effort! Going on a date?
A: No way! I'm meeting my old classmates.
B: Oh, so that's why you dressed so young. Is your first love going to be there?
A: What are you talking about?! I just wanted to look neat!
B: But Mom, those heels… Are you sure? Last time you wore them, you were complaining about your feet hurting.
A: I'll be fine today! Style is what matters!
B: Hmm… I feel like in an hour, you'll be calling me, saying, "Sweetie, can you come pick me up?"
A: That is NOT going to happen! Why don't you trust me?
B: Just speaking from experience~ Anyway, have fun!

| 실시간 대화 | 끊어 읽기 | 역할별 대화 A | 역할별 대화 B |

A: 지금 입은 옷 어때?

B: 오, 엄청 신경 썼네? 데이트하러 가?

A: 그럴 리가! 동창들 만나러 가거든.

B: 아, 그래서 그렇게 젊어 보이게 입은 거야? 혹시 첫사랑도 오나?

A: 무슨 소리야! 그냥 깔끔하게 입은 거라고!

B: 근데 엄마, 그 구두… 괜찮겠어? 저번에 신고 나갔다가 발 아프다고 난리 났잖아.

A: 오늘은 괜찮아! 스타일이 중요해!

B: 흐음… 한 시간 뒤에 "딸, 나 데리러 와" 이러는 거 아냐?

A: 절대 안 그럴 거거든! 너 왜 이렇게 엄마를 못 믿어!

B: 경험에서 나오는 예측일 뿐입니다~ 암튼 잘 놀다 오세요.

19과 엄마의 복수

A: What are you wearing?
B: Why? Don't you think it's cute? I just bought it.
A: Why aren't you wearing the outfit I got you last time?
B: It's way too old-fashioned…. The kids at school made fun of me.
A: That outfit is perfectly neat and proper.
B: They say it's so neat it looks like it belongs in a museum.
A: They're just saying that because you're pretty and they're jealous.
B: Mom, you're the only one who thinks I look pretty in that.
A: I think the outfit you're wearing is a bit over the top.
B: These days, fashion is all about standing out, not fitting in.

실시간 대화　　끊어 읽기　　역할별 대화 A　　역할별 대화 B

A: 너 지금 뭘 입은 거야?

B: 왜요? 예쁘지 않아요? 방금 산 거예요.

A: 내가 지난번에 사준 옷은 왜 안 입어?

B: 너무 촌스러워요…. 학교 애들이 놀린단 말이에요.

A: 그 옷이 얼마나 깔끔하고 단정한대.

B: 너무 단정해서 박물관에 있어야 할 것 같대요.

A: 걔들이 네가 예뻐서 질투하는 거야.

B: 그 옷 입고 예쁘다고 생각하는 건 엄마뿐이거든요.

A: 지금 입은 건 좀 과한 것 같은데.

B: 요즘 패션은 튀는 게 중요하지, 남들한테 맞추는 게 아니에요.

20과 엄마의 애원

A: So, how was your day?

B: It was good.

A: What? That's it? You chat endlessly when you're on the phone with your friends, but when it comes to me, you put in zero effort!

B: Mom, that's the difference between friends and moms.

A: What? Are you saying that talking to me is that boring?

B: No, it's not boring… It's just that I have more to talk about with my friends. School stuff, celebrities, trends….

A: I can talk about celebrities too! Uh… who was it again… BTS? BLACKPINK?

B: Mom, everyone knows them. Do you even know the latest trends?

A: Can't you just talk to me a little longer, like you do with your friends?

B: Hmm… Well, if you increase my allowance, I might give you more details….

 실시간 대화  끊어 읽기  역할별 대화 A  역할별 대화 B

A: 그래서 오늘 잘 지냈어?

B: 응, 잘 지냈어.

A: 뭐야, 그게 다야? 친구랑 통화할 때는 고시랑고시랑 끝도 없이 수다를 떨면서 엄마한테는 너무 성의가 부족한 거 아니야?

B: 엄마, 그게 친구랑 엄마의 차이야.

A: 뭐? 엄마랑 얘기하는 게 그렇게 지루해?

B: 아니, 지루하다는 게 아니라… 그냥 친구랑은 얘기할 게 많잖아. 학교 얘기, 연예인 얘기, 유행하는 거….

A: 나도 연예인 얘기할 수 있어! 어… 그 누구더라… BTS? 블랙핑크?

B: 엄마, 그건 다 알잖아. 최신 트렌드는 알고 있어?

A: 친구한테 하는 것처럼 엄마한테도 조금만 더 길게 얘기해주면 안 되겠니?

B: 음… 그럼, 엄마가 나한테 용돈 올려주면 좀 더 자세히 얘기해줄 수도….

아침 루틴

A: What time do you wake up in the morning?
B: I wake up at 5 am.
A: Wow, that early? Do you set multiple alarms to wake up?
B: No, my eyes just open automatically. My body just reacts that way.
A: That's impressive! What do you do right after waking up?
B: First, I stretch, drink a glass of warm water, and do some light exercises.
A: Oh··· that sounds like a perfect morning routine. I should have a healthy morning too.
B: Would you like to wake up early with me starting tomorrow morning? I'll give you a call.
A: Hmm··· I'll have to think about that.
B: If you go to bed early, waking up early becomes much easier!

실시간 대화　　　　끊어 읽기　　　　역할별 대화 A　　　역할별 대화 B

A: 아침 몇 시에 일어나시나요?

B: 보통 새벽 5시에 일어나요.

A: 와, 그렇게 일찍이요? 혹시 알람 여러 개 맞춰놓고 깨세요?

B: 아니요, 그냥 자동으로 눈이 떠져요. 몸이 먼저 반응하더라고요.

A: 대단하네요! 그럼 일어나자마자 뭐 하세요?

B: 일단 스트레칭하고, 따뜻한 물 한 잔 마신 다음에 가볍게 운동해요.

A: 오… 완벽한 아침 루틴이네요. 저도 건강한 아침을 보내야겠어요.

B: 내일 아침부터 같이 일찍 일어나실래요? 제가 전화 드릴게요.

A: 음… 그건 조금 고민해볼게요.

B: 일찍 잠자리에 들면 일찍 일어나는 게 쉬워진답니다.

 # 한국 음식

A: What's your favorite Korean food?
B: Kimchi is one of my favorites.
A: Kimchi is very unique and delicious. What other Korean dishes do you like?
B: I also love bulgogi. The sweet and savory flavors are amazing.
A: Bulgogi is definitely delicious. Do you have any must-try Korean dish recommendations?
B: You should definitely try bibimbap. It's a colorful and tasty mix of vegetables, meat, and rice.
A: Sounds interesting! What about Korean street food? Do you have any favorites?
B: I love tteokbokki and hotteok. They're super popular street snacks.
A: I'll be sure to try them. Is there a Korean restaurant you recommend?
B: Yeah, there's an awesome Korean BBQ place downtown. Their bulgogi and galbi are excellent!

실시간 대화　　　끊어 읽기　　　역할별 대화 A　　　역할별 대화 B

A: 제일 좋아하는 한국 음식은 무엇인가요?

B: 김치를 제일 좋아해요.

A: 김치는 정말 독특하고 맛있지요. 또 어떤 한식 좋아하세요?

B: 불고기도 정말 맛있어요. 달콤하고 짭짤한 맛이 정말 끝내줍니다.

A: 불고기도 진짜 맛있지요. 꼭 먹어봐야 할 한식 추천해주실 수 있나요?

B: 비빔밥을 꼭 드셔보세요! 채소, 고기, 밥이 알록달록하게 어우러져서 정말 맛있어요.

A: 흥미로운데요! 그럼 길거리 음식 중엔 뭘 좋아하시나요?

B: 떡볶이랑 호떡을 진짜 좋아합니다. 아주 인기 많은 길거리 간식이지요.

A: 꼭 먹어볼게요. 추천할 만한 한식당도 있어요?

B: 네, 시내에 진짜 괜찮은 고깃집이 있어요. 거기 불고기랑 갈비가 진짜 맛있어요!

A: Excuse me, could you help me find my way to Gyeongbokgung Palace?
B: Of course! You can take Line 3 from here and get off at Gyeongbokgung Station. It's just a short walk from there.
A: Thank you! Is it easy to find the palace?
B: Yes, there are signs in English as well. Once you exit the station, just follow the signs to the palace.
A: That sounds good. How long does it take to walk from the station to the palace?
B: It's about a 5-minute walk, so it's quite convenient.
A: Great, thank you for the directions. While I'm here, are there any other attractions nearby that are worth visiting?
B: Absolutely! Insadong and Bukchon Hanok Village are nearby and definitely worth exploring.
A: That sounds wonderful. I'll make sure to check them out. Thank you for your help!
B: You're welcome! Enjoy your trip. If you need any more assistance, feel free to ask.

실시간 대화   끊어 읽기   역할별 대화 A   역할별 대화 B

A: 실례합니다, 경복궁으로 가는 길 좀 알려주세요.

B: 물론이죠! 여기서 3호선을 타고 경복궁역에서 내리시면 돼요. 거기서 조금만 걸어가면 도착합니다.

A: 감사합니다! 역에서 궁까지 길 찾기 쉬운가요?

B: 네, 영어로 된 안내판도 있어요. 역에서 나오면 궁으로 향하는 표지판을 따라가면 돼요.

A: 그럼 단순하네요. 역에서 궁까지 걸어가는 데 얼마나 걸리나요?

B: 역에서 궁까지 걸어서 5분 정도 소요돼요, 편리하죠.

A: 좋아요, 안내해주셔서 감사합니다. 이곳에 머무는 동안 근처에 방문할 만한 다른 명소가 있나요?

B: 물론이죠! 인사동과 북촌 한옥마을이 근처에 있어요. 꼭 방문해보세요.

A: 좋아요, 그럼 꼭 가봐야겠습니다. 도움 주셔서 감사합니다!

B: 천만에요! 즐겁게 여행하세요. 더 도움이 필요하시면 언제든 물어보시고요.

24과 공항 가는 길

A: Are you looking for directions? Do you need help?

B: Yes, I'm trying to take the subway to the airport.

A: There are two airports in Seoul: Incheon Airport and Gimpo Airport. Which one are you going to?

B: I'm heading to Incheon International Airport.

A: Which airline?

B: I'm flying with Korean Air. My flight is at 10:30.

A: In that case, taking the airport bus would be better than the train. It's faster. Fortunately, the bus stop is just ahead. I'll walk there with you.

B: I hope I'm not causing you any trouble.

A: Not at all. I'm heading that way too.

B: It's very kind of you. Thank you.

실시간 대화   끊어 읽기   역할별 대화 A   역할별 대화 B

A: 길을 찾고 계신가요? 도와드릴까요?

B: 네, 공항 가는 지하철을 타려고요.

A: 서울에는 두 개의 공항이 있어요. 인천공항과 김포공항인데, 어느 쪽으로 가시나요?

B: 저는 인천국제공항으로 가요.

A: 어느 항공사인가요?

B: 대한항공을 이용해요. 제 비행기는 10시 30분입니다.

A: 그렇다면 지하철보다는 공항버스를 타는 게 더 나아요. 더 빠르거든요. 마침 버스 정류장이 바로 앞에 있어요. 같이 가시죠.

B: 괜히 폐를 끼치는 게 아닌가 걱정되네요.

A: 전혀요. 저도 그쪽으로 가는 길이에요.

B: 정말 친절하시네요.

25과   관광 안내

A: Have you ever been to Seoul?
B: This is my first time. Where would you recommend I go?
A: I recommend Gyeongbok Palace and Bukchon Hanok Village. There are many hidden restaurants in the charming alleyways.
B: I'm really looking forward to it! When is the best time to visit Gyeongbok Palace?
A: It's best to go early in the morning. You can explore the palace peacefully before it gets crowded. Also, there's a changing of the guard ceremony around 10 AM, which is worth seeing!
B: Wow, that's the one where the guards wear traditional uniforms, right? I definitely want to see that! How can I get to Bukchon Hanok Village?
A: It's about a 10-minute walk from Gyeongbok Palace. There are lots of traditional houses and cute cafés along the way, so it's nice to take your time and explore the area.
B: That sounds great! Is there anything in Bukchon Hanok Village that I shouldn't miss?
A: There are scenic spots called the "Eight Views of Bukchon,"

실시간 대화　　　끊어 읽기　　　역할별 대화 A　　　역할별 대화 B

---

perfect for taking pictures. I also recommend stopping by a traditional tea house for a cup of tea.

B: Thank you for the great tips! I can't wait!

A: 서울에는 오신 적이 있나요?
B: 이번이 처음입니다. 어디를 가보면 좋을까요?
A: 경복궁과 북촌 한옥마을을 추천합니다. 아기자기한 골목 이곳저곳에 맛집이 숨어 있어요.
B: 정말 기대되네요! 경복궁은 언제 가는 게 좋을까요?
A: 아침 일찍 가는 게 좋아요. 사람이 많아지기 전에 한적하게 둘러볼 수 있어요. 특히, 10시쯤 진행되는 수문장 교대식도 볼만해요!
B: 와, 전통 의상을 입은 수문장들이 교대하는 거죠? 꼭 봐야겠네요! 북촌마을은 어떻게 가면 되나요?
A: 경복궁에서 걸어서 10분 정도면 도착해요. 가는 길에 한옥과 예쁜 카페도 많으니까 천천히 구경하면서 가면 좋아요.
B: 좋네요! 혹시 북촌 한옥마을에서 반드시 가야 할 곳이 있을까요?
A: 북촌 8경이라고 불리는 포토 스폿이 있는데, 전망 좋은 곳에서 사진 찍기 딱이에요. 그리고 전통 찻집에서 차 한잔 마셔보는 것도 추천해요.
B: 좋은 정보 감사합니다! 기대돼요!

A: Hello, may I see your passport, please?

B: Sure, here you go.

A: Thanks! Now, the big question—window or aisle seat?

B: Definitely window. I love watching the clouds.

A: Good choice! Do you have any bags to check?

B: Yes, I'd like to check this one, please.

A: Great. And do you have any carry-on items?

B: Just this little backpack.

A: Perfect. So your checked bag will be waiting for you at your destination, and the backpack's good to bring on board. Here's your boarding pass—seat secured!

B: Awesome, thank you!

실시간 대화　　끊어 읽기　　역할별 대화 A　　역할별 대화 B

A: 안녕하세요! 여권 좀 보여주시겠어요?

B: 네, 여기 있습니다.

A: 감사합니다! 자, 중요한 질문이에요—창가 쪽이 좋으세요, 아니면 복도 쪽?

B: 무조건 창가요. 구름 구경하는 거 좋아하거든요.

A: 좋은 선택이네요! 부칠 짐 있으신가요?

B: 네, 이 가방 하나 부치고 싶어요.

A: 알겠습니다. 기내에 들고 타실 짐은요?

B: 이 작은 배낭 하나 있어요.

A: 완벽하네요. 부친 가방은 도착지에서 찾으시면 되고, 배낭은 기내 반입 가능합니다. 좌석도 배정 완료됐고요. 여기 탑승권 드릴게요.

B: 와, 감사합니다!

27과 호텔에서

A: Hello. I have a reservation. Can I check in now?
B: I'm sorry, but check-in begins at 2 PM. However, you can leave your luggage with us.
A: In that case, I'd like to leave my suitcase here and grab some lunch. Are there any good restaurants nearby?
B: Yes! There are many famous restaurants around here. What kind of food are you in the mood for?
A: At the moment, I'm so hungry that even the restaurant signs look delicious.
B: In that case, you need something fast and tasty. Do you like Korean BBQ?
A: Love it. The sizzling sound alone could bring me back to life.
B: Then you're in luck! There's a great Korean BBQ place just two blocks away. Locals love it, and they open early for lunch.
A: Perfect. Meat and rice, here I come! I'll be back after I refuel.
B: Enjoy your meal! And don't worry, your suitcase will be safe with us.

실시간 대화 **끊어 읽기** **역할별 대화 A** **역할별 대화 B**

A: 안녕하세요. 예약했는데요. 지금 체크인 가능할까요?

B: 죄송하지만, 체크인은 오후 2시부터 가능합니다. 대신 짐은 저희 쪽에 맡기실 수 있어요.

A: 그럼 캐리어는 여기 맡기고 점심 좀 먹고 올게요. 근처에 맛집 있나요?

B: 네! 이 근처에 유명한 식당들이 많아요. 어떤 음식이 땡기세요?

A: 지금 제 상태를 말하자면, 배가 너무 고파서 식당 간판까지 맛있어 보여요.

B: 그럼 빠르고 맛있는 게 필요하시겠네요. 혹시 고기 좋아하세요?

A: 완전 좋아하죠. 지글지글 소리만 들어도 살아날 것 같아요.

B: 잘 됐네요! 여기서 두 블록만 가면 고깃집 하나 있는데, 현지인들도 자주 가고 점심도 일찍 열어요.

A: 완벽하네요. 고기랑 밥이여, 내가 간다! 배 좀 채우고 다시 올게요.

B: 맛있게 드세요! 짐은 저희가 안전하게 보관해드릴게요.

28과 길 묻기

A: Hello, may I ask you something? Which subway line should I take to get to Central Park?
B: Central Park is huge, so there are many subway stations around it. Is there a specific place you want to visit?
A: I want to visit the Museum of Natural History and take a walk nearby.
B: Ah, in that case, you should take the B or C line and get off at 81st Street – Museum of Natural History Station. The station is directly connected to the museum entrance, so it's very convenient.
A: Oh, that sounds great! Do you have any recommended walking routes in Central Park?
B: Yes. If you exit the museum and head toward The Ramble, it will feel like walking in nature. It's quiet, with lots of trees, making it a perfect place for a stroll.
A: Oh, I love that kind of atmosphere! Are there any other famous spots nearby?
B: Yes. If you walk a little further, you'll find Bow Bridge. It's been featured in many movies, and the scenery is perfect for taking pictures.
A: Wow, that sounds amazing! Thanks to you, I think I'll have a

| 실시간 대화 | 끊어 읽기 | 역할별 대화 A | 역할별 대화 B |

great time!

B: You're very welcome! Have a wonderful trip!

A: 안녕하세요, 뭘 좀 물어봐도 될까요? 센트럴파크로 가려면 몇 호선을 타야 하나요?

B: 센트럴파크는 워낙 커서 주변에 지하철역이 많아요. 공원 내 가고 싶은 곳이 있나요?

A: 자연사박물관을 보고 근처를 산책하려고요.

B: 아, 그렇다면 B라인이나 C라인을 타고 81번가 자연사박물관역에서 내리시면 됩니다. 역에서 바로 박물관 입구로 연결돼 있어서 편리해요.

A: 오, 좋네요! 혹시 센트럴파크에서 추천해주실 만한 산책 코스가 있을까요?

B: 네. 박물관을 나와서 바로 더 램블 쪽으로 가시면 자연 속을 걷는 기분이 들 거예요. 조용하고 나무가 우거져 있어서 산책하기 좋아요.

A: 오, 그런 분위기 너무 좋아요! 혹시 거기 말고도 유명한 곳이 있나요?

B: 네. 조금만 더 걸어가시면 보우브리지가 있어요. 영화에도 많이 나왔고, 풍경이 사진 찍기에도 딱이에요.

A: 와, 들으니까 벌써 기대되네요! 덕분에 좋은 일정이 될 것 같아요. 감사합니다!

B: 천만에요! 즐거운 여행 되세요.

29과 면세점에서

A: I'm looking for a specific item. Could you help me?
B: Sure! What product are you looking for?
A: My daughter asked me to buy this. Here's a picture of the product.
B: Oh, let me take a look. This is a cosmetic product! Are you looking for a specific brand?
A: Yes, my daughter only uses this brand. Do you have it in stock?
B: I'm sorry, but this item is currently out of stock.
A: Oh, really? Do you have anything similar that I could buy instead?
B: Yes! There's a similar shade from the same brand. Would you like to try it?
A: Wow! The color looks almost the same! Is this product on sale as well?
B: Yes, it's currently 20% off. If you buy two or more, you'll get an additional discount.

| 실시간 대화 | 끊어 읽기 | 역할별 대화 A | 역할별 대화 B |

A: 제가 찾는 물건이 있는데 도와주실 수 있나요?

B: 어떤 제품을 원하시나요?

A: 딸이 사오라고 한 건데요. 여기 제품 사진이 있습니다.

B: 아, 사진 한번 볼게요. 이 제품은 화장품이네요! 특정 브랜드를 원하시나요?

A: 네, 딸이 이 브랜드만 쓰는데요. 혹시 지금 재고가 있을까요?

B: 죄송하지만, 이 제품은 현재 품절입니다.

A: 아, 그래요? 혹시 비슷한 제품이나 대체할 만한 게 있을까요?

B: 네! 같은 브랜드에서 비슷한 색상의 제품이 있습니다. 여기 한 번 테스트해보실래요?

A: 오, 색깔이 거의 비슷하네요! 혹시 이 제품도 세일 중인가요?

B: 네, 지금 20% 할인 중입니다. 두 개 이상 구매하시면 추가 할인이 적용돼요.

 귀국

A: How was your trip? Did you do well with English?
B: It was harder than I expected, but I definitely felt that studying English paid off.
A: That's cool! What kind of things did you say?
B: Well, I tried to keep it simple. I said things like, "Excuse me, where's the station?" or "Can I get this to-go?" People were kind and really helpful.
A: That's awesome! Did you get to speak a lot?
B: Yeah, I had more chances to speak than I expected. I was nervous at first, but I gradually started to feel more confident.
A: They say real-life experience is the best way to learn. What was the most memorable moment?
B: When I got lost in the subway, an elderly lady came up to help me. I tried to explain in English, and she smiled and spoke slowly so I could understand. It was such a warm moment.
A: I bet that kind of experience really motivates you to keep studying.
B: Exactly. As soon as I got back, I felt inspired to study even harder. I want to do even better on my next trip.

실시간 대화　　끊어 읽기　　역할별 대화 A　　역할별 대화 B

A: 여행 어땠어? 영어는 잘했어?

B: 생각보다 어렵긴 했지만, 그래도 영어 공부한 보람은 확실히 느꼈어.

A: 멋지다! 어떤 말들을 했어?

B: 음, 최대한 간단하게 말하려고 했어. 예를 들면 "실례지만, 역이 어디예요?" 아니면 "이거 포장해 주세요." 같은 말들. 사람들이 친절하게 도와줬어.

A: 대박! 말할 기회도 많이 있었어?

B: 응, 생각보다 말할 기회가 많았어. 처음엔 긴장됐는데, 점점 자신감이 붙더라고.

A: 역시 실전만큼 좋은 공부는 없다더니. 제일 기억에 남는 순간은 뭐야?

B: 지하철에서 길을 잃었을 때 어떤 할머니가 먼저 와서 도와주셨어. 영어로 설명하려고 하니까 웃으면서 천천히 말해주셔서 이해할 수 있었어. 정말 따뜻한 순간이었어.

A: 그런 경험이 진짜 영어 공부할 동기부여가 되겠다.

B: 맞아. 돌아오자마자 더 열심히 공부하고 싶어졌어. 다음 여행 땐 더 잘하고 싶거든.

 **실시간 대화 전체 듣기**

 **끊어 읽기 전체 듣기**

 **부록 MP3 파일 다운받기**

한글 힌트

다음 페이지부터 시작되는 한글 힌트는 영어 문장 순서대로 단어를 적었습니다. 힌트를 보고 영어 원문을 떠올려보세요. 직접 영어 문장을 만들어 소리 내어 말해본 후, 본문을 찾아 비교해봅니다.

자기소개 1

(1과)

A: 우리에게 있다, 새로운 학생, 오늘. 부디 소개해달라, 자신을.

B: 안녕, 나는 써니. 나는 여기에 있다, 왜냐하면, 내가 원하니까, 영어 실력 향상. 반갑다, 만나서.

A: 환영한다. 네가 말했다, 너는 원한다고, 영어 잘하기. 어떤가, 당신의 영어는, 지금?

B: 나는 말할 수 있다, 헬로와 땡큐, 완벽하게. 그러나 필요하다, 나머지를 위한 개선.

A: 좋아요. 기본이 중요하다. 당신은 할 수 있나, 자기 소개, 영어로?

B: 안녕, 내 이름은 써니. 나는 좋아해요, 어, 음식? 그리고 자는 거?

A: 완벽해요. 나도 좋아해요, 음식과 자는 것. 이제 만들어 봐요, 당신의 문장, 더 자연스럽게. 당신은 말할 수 있어요. "나는 좋아해요, 시도하기, 새로운 음식 그리고 낮잠"

B: 오, 낮잠 자기. 나는 좋아요, 그 표현. 딱 나예요.

A: 그죠? 들리죠, 더 원어민처럼. 당신의 목표는 무엇인가요, 영어를 배우는데?

B: 나는 원해요, 여행과 현지인들과의 대화. 특히, 주문하고 싶어요, 음식을, 식당에서, 걱정 없이.

2과 자기소개 2

A: 그건 훌륭한 목표에요. 그렇다면 시작하죠, 식당 영어로. 흔한 방식, 음식 주문은.

B: 버거 하나요.

A: 아주 좋아요. 하지만 더 자연스럽게 들리려면, 당신은 말할 수 있어요. "버거 하나 부탁해요."

B: 그렇다면 나는 또한 말할 수 있네요, "피자 하나 부탁해요."

A: 맞아요. 당신의 영어 수준이 올라가고 있어요.

B: 예! 나의 꿈, 세계 음식 기행이 가까워지고 있어요.

A: 와, 써니, 난 좋아요, 당신의 긍정적인 태도. 당신은 늘 그렇게 밝고 활기 넘치나요? 그게 이유인가요, 닉네임이 써니인?

B: 엄마가 내 이름을 지어줬어요, 미선이라고. 희망하기를, 내가 예쁘고 착하기를. 하지만 확신이 없어요, 예쁘다는 부분. 나는 최선을 다해요, 친절하기를. 그래서 선으로 했어요. 썬처럼.

A: 이렇게 재미난 사람이 수업에 있으니, 나는 진짜 기대가 되요, 우리 수업.

B: 웃겨 드릴게요, 많이, 내 웃긴 영어로.

(3과)　　　　　　　　　　　　　　　　　　　　　　　　날씨

A: 어때요, 날씨가, 한국, 요즘?

B: 아름답다. 따듯하고 화창. 어때요, 영국은?

A: 예측 불가죠. 전형적인 영국 날씨. 당신은 경험할 수 있어요, 사계절을 하루에.

B: 진짜요? 믿기지 않네요.

A: 화창, 아침, 비, 정오, 바람, 오후, 다시 추워요, 저녁에는.

B: 와, 들리네요, 날씨가 종일 일하는.

A: 맞아요. 영국 사람, 들고 다녀요, 우산, 마치 패션 소품처럼.

B: 같아요, 한국, 장마철.

A: 나는 나가고 싶네요, 산책, 한국의 햇살 아래, 지금 당장.

B: 오늘 하루는 마치고, 소풍 가요!

4과 일기예보

A: 좋은 시도, 그러나 수업은 끝나지 않았다, 아직. 무엇인가요, 일기예보, 내일?

B: 예보에 따르면, 흐리고 비가 올 가능성도 있어요.

A: 오케이, 고마워요, 알려줘서. 내 생각에, 그냥 집에 머무르며 영화를 봐야 할 듯.

B: 나도. 만약 안다면 괜찮은 영화, 부디 추천 하나만.

A: 보셨나요, '행오버'? 정말 웃겨요.

B: 말하는 건가요, 그 영화, 술 취한 찌질이 남자들이 사고 치는 거?

생각나요, 우리 남편, 그래서 빠져들 수 없었어요.

A: 남편도 사고를 치나요, 주인공처럼?

B: 예. 매번 여행을 갈 때, 친구들과, 무언가 이상한 일이 생기죠. 한번은 그이가

잃어버렸죠, 지갑과 신발을.

A: 신발도요? 어떻게 그가 왔나요, 집에?

B: 그는 돌아 왔어요, 슬리퍼를 신고. 호텔이 빌려줬어요, 그것들을, 그에게.

너무 바보스러웠어요.

5과 대중교통

A: 무엇을 이용했나요, 여기에 올 때 오늘?

B: 나는 지하철 탔어요. 그건 늘 편리해요.

A: 어때요, 버스는?

B: 예, 나는 버스도 타요. 그러나 때로는 교통이 너무 혼잡해서 오래 걸려요.

A: 지하철과 버스 중에서, 어느 것을 선호하나요?

B: 달려 있어요, 상황에, 그러나 나는 보통 지하철을 이용해요.

A: 나도 그래요. 나는 그걸 좋아해요, 왜냐하면 책을 읽을 수 있어요, 지하철에서.

B: 어때요, 자전거를 타기에, 서울에서? 그건 좋은 생각인가요?

A: 예, 그러나 자전거를 탈 때, 피하려고 하세요, 러시아워. 교통 혼잡이 무서워요.

B: 알겠어요. 대중교통 이용으로, 효과적, 도시 생활은 더 편리할 수 있죠.

6과 직업

A: 무슨 일을 하나요, 생계를 위해?

B: 나는 일했어요, 회계부에서, 회사에서, 그러나 그만뒀어요, 지금은.

A: 무엇이 당신의 계획인가요, 미래를 위한"

B: 최근에, 나는 생각 중이에요, 카페를 열기.

A: 오, 카페 사장님! 그건 들리네요, 멋지게. 잘 하나요, 커피 만들기?

B: 솔직히, 나는 만들어봤을 뿐이에요, 인스턴트 커피.

A: 그렇다면 당신은 시작해야겠네요, 바리스타 연습부터.

B: 예, 그러나 내 친구들은 항상 말해요, 같은 것, 맛 본 후, 내 커피를. "나는 생각해, 나는 그냥 사서 마실게."

A: 그러나 걱정 말아요. 계속 연습하면, 언젠가, 손님들이 물을 거예요. "어디서 사셨나요, 이건?"

B: 진짜 좋네요. 나의 목표는, 커피 만들기, 더 맛있는, 카페에 있는 것들보다.

7과 취미

A: 무엇이 당신의 취미인가요?

B: 나는 좋아해요, 풍경화 그리기. 자연을 그릴 때, 바다나 산 같은, 나는 편안하게 느껴요.

A: 오, 멋져요. 당신은 그려보셨나요, 초상화를?

B: 네, 가끔. 그러나 문제는, 사람들이 알아보지 못해요, 자신을, 내 그림에서.

A: 그들이 자주 묻나요, "누구야, 이거?"

B: 예! 심지어 그 사람, 내가 그린, 그걸 보고도 말하지요, "이게 나야?"

A: 들리네요, 창의적인 재해석처럼. 아마 보일 거예요, 현대 미술처럼.

B: 정확해요. 그래서 결정했어요, 부르기로, 내 그림을 "추상 초상화".

A: 좋네요. 만약 당신이 전시회를 한다면, 꼭 초대해줘요, 나를.

B: 물론이죠. 하지만 만약 온다고 해도, 힘들 거예요, 짐작하기, 누가 누군지.

8과 전공

A: 무엇이었나요, 당신의 전공, 대학에서?

B: 나는 공부했어요, 철학을.

A: 당신에게는 있나요, 좋아하는 철학자가?

B: 예, 나는 진짜 좋아해요, 니체를. 그의 생각은 큰 영향을 줬어요, 내게.

A: 오, 니체? "신은 죽었다"가 그의 가장 유명한 말이지요, 그렇죠?

B: 맞아요. 그러나 그 문구는 뜻하지 않아요, 단순한 무신론을. 니체는 말했어요, 전통적인 가치가 무너지고, 우리는 만들어야 한다, 새로운 가치를, 자신을 위한.

A: 그렇다면 나는 창조할래요, 새로운 가치를. "늦잠은 미덕이다."

B: 니체가 강조하긴 했죠, 새로운 가치 창조, 그러니 내 생각에, 내가 받아들일게요.

A: 좋아요! 내일부터, 나는 살 거에요, 늦잠 자는 삶.

B: 이게 진짜로, 어떻게, 철학적인 논의가 가는 건가요?

9과　　　　　　　　　　　　　　　　　　　　　　운동

A: 당신은 하나요, 운동?

B: 예, 나는 가요, 체육관에, 몇 번, 일주일에.

A: 멋져요. 어떤 종류의 운동을 하나요, 당신은 보통?

B: 나는 주로 웨이트 트레이닝을 해요. 근력 운동이 진짜 잘 맞아요, 나랑.

A: 매번, 나는 운동할 때, 내 몸이 아파요. 그래서 그만두죠, 근육통 때문에.

B: 그게 흔한 실수죠. 당신은 해야 해요, 페이스 조절, 스스로.

A: 하지만 만약 내가 페이스 조절을 하면, 스스로, 나는 느껴지지 않아요, 내가 제대로 운동한 것처럼.

B: 그렇다면 집중해봐요, 듣기에, 당신의 몸에, 그리고 살살 가요, 자신에게.

A: 나는 더 좋아요, 운동, 누워서 하는. 있나요, 그런 게, 침대 요가 같은 것?

B: 가벼운 스트레칭을 하는 것, 자주, 또한, 좋은 방법, 운동하기.

10과 여가 활동

A: 무엇을 하나요, 당신의 자유 시간에?

B: 나는 진짜 좋아해요, 하이킹을. 그게 나의 제일 좋아하는 취미.

A: 오! 그것 참 멋지고 건강한 취미네요. 어떤 종류의 산을, 당신은 주로 오르나요?

B: 나는 가요, 어디든, 가까운 언덕부터 유명한 산까지. 더 높을수록, 더 좋아요.

A: 와, 그건 인상적이네요. 나는 숨이 차요, 그냥 계단만 올라도.

B: 그건 힘들어요, 처음엔, 그러나 당신은 익숙해져요. 원해요, 나랑 같이, 언젠가?

A: 우리는 가도 되나요, 산으로, 케이블 카가 있는.

B: 진짜 매력, 등산의, 여정이죠, 꼭대기로 가는. 땀을 흘리고, 숨차게 느껴지는 것, 거기에 스릴이 있지요.

A: 땀이 날 때, 내가 생각하는 건, '왜 나는 이러고 있지, 나 자신에게?'

B: 그렇게 아기처럼 굴지 말고, 산에 가요, 나랑.

11과 회화 연습

A: 내가 너에게 해도 될까, 부탁 하나?

B: 엄마, 왜 갑자기 말해요, 영어로?

A: 나는 공부하고 있어, 영어 회화, 요즘, 그리고 나는 필요해, 연습 상대.

B: 나랑 말하길 원해요, 영어로? 나도 잘 하지는 않는데.

A: 너의 학원 선생이 항상 말한단다, 너는 잘해, 영어.

B: 그야 왜냐하면, 받았으니까, 비싼 수업, 오랫동안.

A: 나의 목표, 공부하기, 큰돈 안 들이고. 그러려면, 나는 필요해, 너의 도움이.

B: 와, 계속 말하네, 영어로! 엄마, 언제 영어가 그렇게 좋아졌어요?

A: 나는 그냥 외웠어, 이거. 나는 생각해, 그게 좋다고, 연습하는 거, 이렇게.

B: 그럼 엄마, 돈 줄 거예요, 영어 교습에 대해?

12과 교습비 흥정

A: 너는 아니, 얼마나 많은 돈을 내가 썼는지, 너를 보내는데, 학원에?

B: 내가 절대 아니죠, 원한 게, 그걸. 엄마가 만들었죠, 나를, 가게.

A: 네가 원했어, 가기를, 왜냐하면, 모든 네 친구들이 들으니까, 영어 수업.

B: 나는 그냥 원하지 않았어요, 뒤처지기.

A: 나는 묻는 게 아니야, 네가 그걸 하는 것, 공짜로. 내가 사줄게, 네가 좋아하는 음식, 한 달에 한 번.

B: 하지만 이미 그렇게 하잖아요, 지금도.

A: 그래, 좋아. 할게, 한 달에 두 번.

B: 그렇다면 주문해요, 내가 좋아하는 치킨, 이번 주말?

A: 하지만 너는 연습해야 해, 영어 회화, 나랑, 10분간, 매일.

B: 10분? 와, 엄마, 작정했구나.

13과 엄마에게 과외하기

A: 난 진심이야, 영어 공부에.

B: 무엇이 만들었나요, 당신을, 그렇게 헌신적으로.

A: 기억나니, 그때 내가 고궁에 갔던 거, 나의 고등학교 친구들과?

B: 예, 말했죠, 즐거운 시간을 가졌다고.

A: 한 외국인이 말을 걸었어, 나한테, 그리고 나는 완전 당황했지.

B: 아마 지적으로 보인 탓일 걸요. 실제로는 엄마는 허점이 있는데.

A: 한 친구가 대신 나섰고, 대답했어, 영어로, 너무나 부드럽게. 고교 시절, 걔 영어 성적은 낮았어, 나보다.

B: 엄마, 학교 성적이랑 회화 실력은 완전히 다르거든요.

A: 그게 이유야, 내가 연습하는, 이렇게.

B: 나는 써먹을 수 있겠네, 핑계로, 영어 가르친다는, 혼내는 거, 많이. 그래, 그거 아이디어네.

 # 선생님에게 부탁하기

A: 선생님, 오, 나의 선생님. 나는 있어요, 부탁이, 물어볼.

B: 뭔가, 제자여.

A: 나는 나이가 많아서 공부가 쉽지 않아요.

B: 공부는 힘들어, 어린 사람에게도.

A: 그러니 부디 가르쳐줘요, 나를, 쉽고 재미나게, 오케이?

B: 울 어머니가 늘 말씀하셨던 게 있지, 무언가.

A: 지금 나 불안해진다.

B: 인내는 쓰다, 그러나 그 열매는 달다. 공부는 힘들어야 해, 의미가 있으려면. 그게 엄마가 한 말이야.

A: 누구 닮아서 너는 이렇게 똑똑하니?

B: 나도 궁금해, 그게.

15과 선생님을 칭찬하기

A: 어떻게 그렇게 잘하니, 영어?

B: 나의 중학교 동아리 활동이 도왔어, 나를. 그건 독서 토론 클럽, 영어로 하는.

A: 내가 읽어줬어, 많은 영어 동화책, 네가 아기였을 때.

B: 나는 기억이 안 나, 하나도.

A: 아무리 피곤해도, 내가 퇴근하고, 나는 절대 빼먹지 않았지 책 읽어주는 거, 너에게.

B: 나는 즐겨 읽어, 영어책, 크게 소리 내어. 연기 같아.

A: 어떤 종류의 책을 너는 주로 읽니?'

B: 그건 바뀌어요, 매번. 우리는 돌아가며 책을 골라요. 나는 골랐어요, 해리 포터.

A: 더 낫지 않을까, 고전 읽는 것, 셰익스피어 같은?

B: 최고의 방법 중 하나는, 영어 독해 공부, 즐기는 것, 좋은 이야기.

16과 치킨 주문 연습

A: 무엇을, 내가 말하나, 주문할 때, 치킨을, 식당에서?

B: 처음엔, 그냥 잘 봐, 메뉴를, 그리고 골라, 무언가를.

A: 그러나 만약, 메뉴가 영어라, 내가 읽을 수 없다면?

B: 그럼 물어봐, 직원에게, 추천해달라고. 그냥 가리키는 거야, 메뉴를, 그리고 말해. "무엇을 당신은 추천하나요?"

A: 그리고 만약 웨이터가 가리키면, 무언가를, 그냥 말하면 되나? 메뉴의 이름을?

B: 정확해. 예를 들어, 이렇게 말해도 돼. "나는 매콤한 프라이드 치킨으로 부탁해요."

A: 고마워. 나는 느끼기 시작했어, 조금 더 자신있게, 이제.

B: 어때, 우리가 가서, 치킨집에, 오늘 밤, 외국인인 척하기? 우리는 영어 연습 할 수 있고, 맛있는 치킨도 먹고, 일석이조.

A: 그럼 내 생각에, 우리가 계속 영어로 말해야 할 듯, 먹으면서도? 마치 우리가 외국인 친구, 한국에서 만난?

B: 그렇게 하면, 우리는 맛있는 치킨도 즐기고, 엄마는 잘난 척하고, 영어로. 와, 나는 진짜 천재야, 때로는.

17과 엄마의 숏폼 도전

A: 이거 정말 재미난 영상. 뭐하는 거야?

B: 그들은 올린다, 도전 영상, 틱톡.

A: 알지, 나는 치어리더, 대학. 어쩌면 내가 올려야 할지도, 댄스 영상.

B: 엄마, 해야 해요, 영상 편집, 의상 갈아입기, 그리고...

A: 괜찮아. 나는 쿨하고 싶어.

B: 엄마, 그냥 보내세요, 귀여운 이모티콘, 카카오톡, 대신에.

A: 그건 재미없어.

B: 가족의 명예를 위해, 제발 하지 말아요.

A: 난 놀리는 거야, 너를. 진짜로 생각했니, 내가 진지하다고?

B: 다른 엄마들은 걱정하는데, 그들의 아이들, 그러나 왜 나는 걱정해야 하지, 엄마를?

18과 엄마의 외출

A: 어떻게 내가 보여, 이 옷을 입은?

B: 와, 진짜 꽤 노력했네. 데이트하러 가?

A: 아니거든! 나는 만날 거야, 나의 오래 전 급우들.

B: 오, 그게 이유구나, 이렇게 어리게 입은. 첫사랑이 간데, 거기에?

A: 무슨 소리 하는 거야. 나는 단지 원해, 깔끔하게 보이기를.

B: 그러나 엄마, 그 힐. 확실해? 지난번에, 그걸 신었을 때, 불평했어, 발이 아프다고.

A: 나는 괜찮아, 오늘. 스타일이 중요해.

B: 음. 나는 느껴져, 한 시간 안에, 엄마가 내게 전화해서, 말할 거야. "딸, 와서 나 좀 픽업해줘."

A: 그런 일은 절대로 안 일어나. 왜 너는 못 믿어, 나를?

B: 그냥 말하는 거야, 경험에서. 어쨌든, 재밌게 놀아.

19과 엄마의 복수

A: 무엇을 입은 거야?

B: 왜? 생각하지 않아, 귀엽다고? 나는 방금 샀어.

A: 왜 너는 안 입는 거니, 그 옷, 내가 사준, 지난 번에.

B: 그건 너무 올드 패션이야. 학교 친구들이 놀려요, 나를.

A: 그 옷은 완전히 깔끔하고 단정해.

B: 애들이 말하길, 너무 단정해서, 보여요, 박물관에 있어야 할 것처럼.

A: 애들이 그렇게 말하는 거야, 왜냐하면, 네가 예쁘고, 걔들이 질투 나니까.

B: 엄마, 유일한 사람, 누가, 생각하는, 내가 예뻐 보인다고, 그 옷 입고.

A: 나는 생각해, 너의 옷은, 조금 과해.

B: 요즘, 패션은 전부 대한 것이야, 튀는 것, 남에게 맞추는 것이 아니라.

 # 엄마의 애원

A: 그래서 어땠어, 너의 하루?

B: 좋았어.

A: 뭐야? 그게 다야? 너는 수다 떨잖아, 끝없이, 통화할 때, 친구랑, 그런데 나랑 할 때, 너는 노력을 전혀 안 해.

B: 엄마, 그게 차이야, 친구와 엄마의.

A: 뭐야? 너는 말하는 거니, 나랑 대화가 그렇게 지루하다고?

B: 아뇨, 지루한 게 아니라. 그냥 나는 할 말이 더 많아요, 친구랑. 학교 이야기, 연예인, 유행.

A: 나도 얘기할 수 있어, 연예인, 또한. 어, 누구더라, BTS, 블랙핑크?

B: 엄마, 누구나 알아요, 그들은. 알아요, 최신 유행?

A: 나랑 말해주겠니, 조금 더 길게, 네가 친구랑 하듯?

B: 음, 용돈을 올려주면, 나는 줄 수도 있어요, 세부사항.

21과 아침 루틴

A: 몇 시에, 일어나세요, 아침에?

B: 나는 일어나요, 오전 5시.

A: 와, 그렇게 빨리? 당신은 맞추나요, 여러 개의 알람을, 일어나려고?

B: 아뇨, 내 눈이 그냥 떠져요, 자동으로. 나의 몸이 반응해요, 먼저.

A: 그건 인상적이네요. 무엇을 하나요, 바로 다음에, 일어나고.

B: 먼저, 나는 스트레칭을 해요, 마셔요, 따듯한 물 한 잔, 그리고 해요, 가벼운 운동.

A: 오, 들리네요, 완벽한 모닝 루틴. 나는 가져야겠어요, 건강한 아침, 또한.

B: 당신은 원하세요, 일찍 일어나기, 나랑 같이, 내일 아침부터? 전화 드릴게요.

A: 음, 생각해보고요.

B: 만약 잠자리에 일찍 가면, 일찍 일어나기, 더 쉬워져요.

한국 음식

A: 무엇인가요, 당신이 좋아하는 한국 음식?

B: 김치가 그 중 하나죠, 내가 좋아하는.

A: 김치는 무척 독특하고, 맛있어요. 무엇을, 다른 한식, 좋아하나요?

B: 나는 또한 매우 좋아해요, 불고기. 달콤 짭짤한 맛이 놀라워요.

A: 불고기는 진짜 맛있어요. 있나요, 어떤, 반드시 시도할, 한국 음식 추천?

B: 꼭 시도해보세요, 비빔밥. 알록달록, 맛있는 조합, 채소, 고기, 쌀밥.

A: 흥미롭게 들려요. 어때요, 한국 길거리 음식은? 좋아하는 건?

B: 나는 좋아해요, 떡볶이랑 호떡. 매우 인기 있는 길거리 간식.

A: 반드시 시도해볼게요, 그것들. 있나요, 한국 식당, 당신이 추천하는?

B: 예, 있어요, 멋진 한국 고깃집, 시내에. 그집 불고기랑 갈비가 끝내줘요.

23과   길 안내

A: 실례합니다, 도와주실 수 있나요, 내가 길을 찾는 거, 경복궁 가는?

B: 물론이죠. 3호선 탈 수 있어요, 여기에서, 내려요, 경복궁역에서. 짧은 걸음, 거기서.

A: 감사합니다. 쉬운가요, 궁을 찾기가?

B: 네, 표지판이 있어요, 영어로, 또한. 일단 역을 나가면, 그냥 따라가요, 표지판, 궁을 향해.

A: 좋게 들리네요. 얼마나 걸리나요, 걸어서 역에서 궁까지?

B: 약 5분, 걸어서. 그래서 꽤 편리해요.

A: 좋아요, 고마워요, 길 안내에 대해. 내가 여기 있는 동안, 있나요, 다른 명소, 근처에, 가볼 만한?

B: 물론이죠. 인사동과 북촌 한옥마을, 근처에 있어요, 절대로 가치가 있죠, 방문할.

A: 멋지게 들리네요. 꼭 해볼게요, 한번 찾아보기. 고마워요, 당신의 도움.

B: 천만에요. 즐기세요, 당신의 여행. 만약 필요하면, 더 도움이, 자유롭게 물어봐요.

 # 공항 가는 길

A: 당신은 찾고 있나요, 방향을? 당신은 필요한가요, 도움이?

B: 예, 나는 시도하고 있어요, 지하철 타고, 공항으로.

A: 두 개의 공항이 있어요, 서울에는, 인천공항, 그리고 김포공항. 어느 곳으로 가시나요?

B: 나는 가고 있어요, 인천국제공항.

A: 특정 항공사라도?

B: 예, 나는 날아가요, 대한항공으로. 내 비행 시간은 10:30.

A: 그런 경우라면, 공항버스를 타는 게 더 나아요, 기차보다. 더 빨라요. 다행히, 버스 정류장이 바로 앞에 있어요. 같이 가시죠.

B: 바랍니다, 내가 끼치는 게 아니기를, 당신에게, 어떤 불편도.

A: 전혀. 나도 그 방향이에요, 또한.

B: 친절하시네요, 당신은.

25과 관광 안내

A: 당신은 와봤나요, 서울에?

B: 이번이 나의 처음. 어디를 추천하는가요, 내가 가기를?

A: 나는 추천해요, 경복궁이랑 북촌 한옥마을. 거기에는 숨은 맛집이 많아요, 매력적인 골목 안에.

B: 나는 진짜로 기대돼요. 언제가 가장 좋을 때인가요, 경복궁 방문하기에?

A: 최고에요, 아침 일찍 가는 게. 당신은 둘러볼 수 있어요, 평화롭게, 붐비기 전에. 또, 경비병 교대식, 10시쯤, 그것도 볼만해요.

B: 와, 그거, 경비병들이 전통 의상 입은 거, 맞죠? 나는 꼭 원해요, 그거 보기를! 어떻게 해야 내가 가죠, 북촌 한옥마을에?

A: 약 10분, 걸어서, 경복궁에서. 거기엔 많아요, 전통 가옥이, 그리고 예쁜 카페, 길을 따라, 그래서 좋지요, 시간을 갖고 둘러보기에.

B: 멋지게 들려요. 있나요, 무언가 있나요, 북촌 한옥마을에서 내가 놓쳐서는 안 될?

A: 풍광이 있어요, 불리우는, 북촌 8경. 완벽해요, 사진 찍기에. 나는 또한 추천해요, 전통 찻집에 들러, 차 한잔.

B: 고마워요, 멋진 팁. 못 기다리겠어요.

공항에서

A: 안녕하세요, 내가 볼 수 있을까요, 당신의 여권을, 부디?

B: 물론이죠, 여기 갑니다.

A: 고마워요. 이제 중요한 질문, 창가 쪽 아니면 복도 쪽 좌석?

B: 무조건 창가요. 나는 좋아해요, 구름 보는 거.

A: 좋은 선택이에요. 가방이 있나요, 체크인할?

B: 예, 체크인하고 싶어요, 이거 하나, 부탁해요.

A: 좋아요. 있나요, 기내용 수화물?

B: 그냥 이 작은 배낭이요.

A: 완벽해요. 부친 가방은 기다릴 거예요, 당신을, 목적지에서, 그리고 배낭은 좋아요, 기내에 들고 가도. 여기 당신의 탑승권, 좌석 배정되었어요.

B: 최고에요, 고맙습니다.

 # 호텔에서

A: 안녕하세요, 나는 예약했어요. 가능한가요, 체크인이, 지금?

B: 죄송합니다, 그러나 체크인은 가능해요, 오후 2시부터. 그러나, 가방은 남겨둘 수 있어요, 우리에게.

A: 그렇다면, 가방을 여기 둘게요, 그리고 점심을 먹을게요. 괜찮은 식당이 있나요, 근처에?

B: 예. 많은 유명 식당들이 있어요, 근처에. 어떤 종류의 음식, 당신은 당기나요?

A: 묘사하자면, 나의 현재 상태, 나는 배가 너무 고파서, 식당 간판마저 맛있어 보여요.

B: 그런 경우, 당신은 필요해요, 무언가 빠르고 맛있는 거. 좋아해요, 한국 고기 요리?

A: 좋아하죠. 고기 굽는 소리만으로도 나를 다시 살릴 것 같네요.

B: 그렇다면 당신은 운이 좋아요. 멋진 고깃집이 겨우 두 블록 떨어져 있어요. 현지인이 좋아해요, 그리고 일찍 열어요, 점심을 위해.

A: 완벽해요. 고기와 밥이여, 여기 내가 간다! 돌아올게요, 연료 충전한 후에.

B: 즐기세요, 당신의 식사를. 그리고 걱정은 마세요, 당신의 가방은 안전할 거에요, 우리와 함께.

28과 길 묻기

A: 안녕하세요, 제가 물어도 될까요, 뭔가? 어떤 지하철 노선을 내가 타야 할까요, 센트럴파크 가려면?

B: 센트럴파크는 거대해요, 그래서 많은 지하철역이 있어요, 주위에. 있나요, 특별한 장소, 당신이 방문하고 싶은?

A: 저는 원해요, 방문하기, 자연사박물관, 그리고 산책, 근처.

B: 아, 그런 경우, 당신은 타야 해요, B나 C라인 그리고 내려요, 81번가 - 자연사박물관역. 역은 바로 연결되어 있어요, 박물관 입구와, 그래서 아주 편리해요.

A: 오, 멋지게 들려요. 당신은 있나요, 추천할 만한 산책 코스, 센트럴파크에서?

B: 네! 만약 당신이 박물관을 나와서 향하면, 더 램블로, 느껴질 거예요, 자연 속 걷기. 조용하고, 나무가 많고, 완벽한 장소가 되지요, 산책을 위한.

A: 오, 나는 좋아해요, 그런 종류의 분위기. 거기에 있나요, 다른 명소, 근처에?

B: 네. 만약 걸어가면 조금 더, 발견할 거예요, 보우브리지. 나왔어요, 많은 영화에, 풍광이 완벽하죠, 사진 찍기.

A: 와, 멋지게 들리네요. 당신 덕분에, 생각해요, 멋진 시간을 가질 거라.

B: 천만에요. 즐거운 여행 되세요!

29과 면세점에서

A: 나는 찾고 있어요, 특정한 물건. 당신은 도와줄 수 있나요, 나를?

B: 물론이죠. 어떤 제품을 찾고 있나요?

A: 제 딸이 부탁했어요, 이걸 사 달라고. 여기 사진이 있어요, 그 상품의.

B: 한번 볼게요. 이건 화장품이네요. 찾고 있나요, 특정한 브랜드를?

A: 예, 제 딸은 오직 써요, 이 브랜드만. 있나요, 재고가?

B: 죄송해요, 그러나 이 제품은 현재 품절이에요.

A: 에, 진짜요? 있나요, 비슷한 거, 내가 대신 살 수 있는?

B: 예. 비슷한 색상, 같은 브랜드에서 나온. 해보실래요, 테스트?

A: 아, 색깔은 거의 같아 보이네요. 이 제품도 세일인가요, 마찬가지로?

B: 예, 현재 20% 할인 중. 만약 두 개 이상을 사면, 받아요, 추가 할인.

30과 귀국

A: 어땠어요, 여행? 잘했어요, 영어로?

B: 더 힘들었어, 내 예상보다. 하지만 확실히 느꼈어, 영어 공부, 가치가 있다고.

A: 멋지네요. 어떤 종류의 말을 했어요?

B: 시도했어, 간단하게. 말했어, 이를테면, "실례합니다, 역이 어디인가요?" 혹은 "할 수 있나요, 이거, 포장." 사람들은 친절하고, 진짜 잘 도와주더라.

A: 멋지다. 할 수 있었어, 말을 많이?

B: 응, 나는 더 많은 기회가 있었어, 말하기, 예상보다. 긴장했어, 처음엔, 그러나 서서히 시작했어, 더 자신감을 느끼기.

A: 사람들은 말하지, 실제 경험이 최고의 길이다, 배움에 있어. 무엇이 가장 기억에 남는 순간?

B: 언젠가 내가 길을 잃었을 때, 지하철에서, 나이 많은 여성분이 오셔서 도와줬어. 나는 시도했어, 영어로 설명, 그러자 그분은 웃으며, 천천히 말했어, 그래서 내가 이해할 수 있었어. 감동적인 순간이었지.

A: 단언컨대, 그런 경험이 진짜 동기부여가 되지, 계속 공부하게.

B: 정확해. 돌아오자마자, 나는 하고 싶어졌어, 공부를 더 열심히. 나는 원해, 더 잘하기를, 다음 여행에서는.

영어책 한 권 외워봤니? 뉴 에디션

초판 1쇄 발행 2017년 1월 11일
개정판 1쇄 발행 2025년 11월 5일
개정판 6쇄 발행 2026년 1월 14일

지은이 김민식
펴낸이 최순영

출판2본부장 박태근
기획 고래방 최지은
디자인 정명희
영어 문장 감수 Sherwood Choe
영어 음원 제작 홍하늘

펴낸곳 ㈜위즈덤하우스 **출판등록** 2000년 5월 23일 제13-1071호
주소 서울특별시 마포구 양화로 19 합정오피스빌딩 17층
전화 02) 2179-5600 **홈페이지** www.wisdomhouse.co.kr

ⓒ 김민식, 고래방, 2017, 2025

ISBN 979-11-7171-543-5 03320

- 이 책의 전부 또는 일부 내용을 재사용하려면 반드시 사전에 저작권자와 ㈜위즈덤하우스의 동의를 받아야 합니다.
- 이 책의 영어 음원은 인공지능 기술을 활용해 제작되었습니다.
- 인쇄·제작 및 유통상의 파본 도서는 구입하신 서점에서 바꿔드립니다.
- 책값은 뒤표지에 있습니다.